Sylvie Mokoko

Voulez-vous veiller une heure avec Moi?

Sylvie Mokoko

Voulez-vous veiller une heure avec Moi?

Dit le Seigneur une nuit de Janvier 2010

Éditions Croix du Salut

Impressum / Mentions légales
Bibliografische Information der Deutschen Nationalbibliothek: Die Deutsche Nationalbibliothek verzeichnet diese Publikation in der Deutschen Nationalbibliografie; detaillierte bibliografische Daten sind im Internet über http://dnb.d-nb.de abrufbar.
Alle in diesem Buch genannten Marken und Produktnamen unterliegen warenzeichen-, marken- oder patentrechtlichem Schutz bzw. sind Warenzeichen oder eingetragene Warenzeichen der jeweiligen Inhaber. Die Wiedergabe von Marken, Produktnamen, Gebrauchsnamen, Handelsnamen, Warenbezeichnungen u.s.w. in diesem Werk berechtigt auch ohne besondere Kennzeichnung nicht zu der Annahme, dass solche Namen im Sinne der Warenzeichen- und Markenschutzgesetzgebung als frei zu betrachten wären und daher von jedermann benutzt werden dürften.

Information bibliographique publiée par la Deutsche Nationalbibliothek: La Deutsche Nationalbibliothek inscrit cette publication à la Deutsche Nationalbibliografie; des données bibliographiques détaillées sont disponibles sur internet à l'adresse http://dnb.d-nb.de.
Toutes marques et noms de produits mentionnés dans ce livre demeurent sous la protection des marques, des marques déposées et des brevets, et sont des marques ou des marques déposées de leurs détenteurs respectifs. L'utilisation des marques, noms de produits, noms communs, noms commerciaux, descriptions de produits, etc, même sans qu'ils soient mentionnés de façon particulière dans ce livre ne signifie en aucune façon que ces noms peuvent être utilisés sans restriction à l'égard de la législation pour la protection des marques et des marques déposées et pourraient donc être utilisés par quiconque.

Coverbild / Photo de couverture: www.ingimage.com

Verlag / Editeur:
Éditions Croix du Salut
ist ein Imprint der / est une marque déposée de
OmniScriptum GmbH & Co. KG
Heinrich-Böcking-Str. 6-8, 66121 Saarbrücken, Deutschland / Allemagne
Email: info@editions-croix.com

Herstellung: siehe letzte Seite /
Impression: voir la dernière page
ISBN: 978-3-8416-1966-2

Copyright / Droit d'auteur © 2015 OmniScriptum GmbH & Co. KG
Alle Rechte vorbehalten. / Tous droits réservés. Saarbrücken 2015

Sylvie MOKOKO -Esther

« Voulez-vous veiller une heure avec moi? »

Dit le Seigneur, une nuit de janvier 2010.

A mon Seigneur et maître Jésus Christ, le Grand Médecin de mon âme.

A mes trois enfants, Djoh, Ida, Fidel, vous avez été ma raison de m'accrocher à la vie ces dix dernières années d'épreuves de maladie et d'afflictions. Merci pour vos encouragements, sans oublier vos remarques pertinentes, car Dieu s'est souvent servi de vous (à votre insu) pour me tailler, maman vous aime et vous bénis des bénédictions des cieux par l'œuvre du Dieu Tout Puissant.

A mes petits-enfants David et Gabrielle, Que Dieu fasse luire sa face sur vous, brillez dans votre génération.

Amen

Mot de l'auteur

Quand Jésus nous visite, c'est une grande bénédiction, une grâce et Il peut nous livrer ses secrets.

J'ai le privilège, par la grâce qui m'a été faite, d'écrire et de partager les faits de ce livre qui relate les quelques moments passés avec le Seigneur une nuit à la fois « sombre » et glorieuse de janvier 2010.

C'est en 2012 que j'ai commencé à rassembler et relire les notes prises pendant l'entretien pour écrire un livre.

J'ai eu la tentation d'abandonner après avoir écrasé les quarante premières pages du manuscrit. En effet, après avoir saisi une quarantaine de pages, tout s'est effacé par erreur au moment où j'ouvrais le fichier du traitement de texte pour une relecture. Je ne comprends pas moi-même comment j'ai cliqué, machinalement sur un bouton qui m'avertissait de la perte des données. Puis tout s'est effacé, je me suis retrouvée avec un document vierge. Je n'avais plus la motivation de saisir à nouveau. Certains paragraphes étaient inspirés au moment de la saisie, je ne pouvais me rappeler leur contenu. Je me suis sérieusement posée la question, avais-je l'approbation du Seigneur pour écrire ce livre ? Peut-être que certains faits devraient restés secrets dans ma relation avec Dieu?

Au moment où je réfléchissais si je devrais tout abandonner, et voilà que vint dans mes pensées l'histoire de Moise qui avait brisé les deux tables de pierre écrites du doigt de Dieu (Exode 31.18) : « *Les tables étaient l'ouvrage de Dieu, et l'écriture était l'écriture de Dieu, gravée sur les tables* » Exode 32. 16. Après avoir passé quarante jours et quarante nuits, seul avec Dieu sur la Montagne pour recevoir les tables de la loi, en descendant de la montagne, Moise a vu comment les enfants d'Israël avait commis un si grand péché, en fabriquant et adorant un veau d'or, il s'était mis en colère. Au verset 34 du chapitre 32 du livre d'Exode, l'Éternel demande à Moise de remonter sur la montagne : « *Taille deux tables de pierre comme les premières, et j'écrirai les paroles qui étaient sur les premières tables que tu as brisées* ». Cette parole du Seigneur à Moise m'a fortifiée et encouragée à continuer d'écrire le livre. C'est en allant rencontrer Dieu sur sa montagne, dans la communion et l'intimité de chaque jour que je m'attends à Lui. Que Dieu vous bénisse en lisant ce livre au nom de Jésus Amen.

Introduction

La ville de Jérusalem est très animée, c'est la préparation de la Pâque. Chaque famille se prépare avec joie pour réussir la fête, et c'est aussi l'occasion de revoir les parents habitant au loin, et revenus expressément à Jérusalem pour l'évènement. C'est l'excitation, l'agitation partout. C'est peut-être le moment tant attendu par les enfants, comme lorsque ceux de notre génération s'impatientent à l'approche de Noël. Qui ne s'est pas émerveillé devant le spectacle féerique de Noël et du nouvel an dans les pays occidentaux ! L'animation dans les marchés de Noël, les villes rivalisant dans la décoration ; les centres commerciaux ressemblant à un monde imaginaire ! Il n'y avait peut-être pas de guirlandes scintillantes dans les maisons et marchés de Jérusalem, mais l'animation doit être à son comble, car c'est la commémoration de la sortie d'Égypte, instituée en une loi perpétuelle. C'est dans cette atmosphère très animée que Jésus vit ses derniers moments sur terre. Jésus et ses disciples vont également célébrer la Pâque, mais les pensées de Jésus étaient-elles vraiment dans la fête ? Alors que dans peu de temps, il allait vivre les pires heures de sa vie sur terre? La crucifixion. Cependant, Jésus demande à ses apôtres d'aller préparer la Pâque chez un disciple dont le nom est resté inconnu. S'il y a un tableau connu dans le monde entier et même par des non croyants, c'est celui de Jésus mangeant la Pâque avec les douze apôtres. C'est en effet cette nuit-là même que Jésus trahi par l'un de ses apôtres, sera pris, lié, traduit devant le sanhédrin, et condamné à mort.

Après le repas de Pâque partagé avec ceux qui l'avaient suivi depuis trois ans, de la Galilée, à Jérusalem en Judée, en passant par la Samarie, et dans d'autres contrées voisines pour annoncer le Royaume de Dieu, après avoir chanté des cantiques, Jésus et ses apôtres, à l'exception de Judas qui était déjà sorti pour accomplir sa mission diabolique, se rendirent dans le jardin de Gethsémané (Matthieu 26.36). J'ai eu l'occasion de visiter le lieu où se trouve le jardin de Gethsémané, situé en contrebas du quartier du Mont des Oliviers à Jérusalem lors de mon voyage en Israël en octobre 2013 avec le groupe DEREK PRINCE MINISTRIES FRANCE.

L'agonie de Jésus a commencé dans ce jardin devenu un des lieux de pèlerinage très visité par des pèlerins venus du monde entier. Pendant ce moment crucial et angoissant, Jésus priait le Père, et «...*Sa sueur devint comme des grumeaux de sang, qui tombaient par terre.*» Luc 22. 44. Jésus était angoissé à cause de ce qui l'attendait : les douleurs et souffrances qui précèdent la crucifixion et celles inhérentes à la crucifixion sur une croix. Son âme était triste jusqu'à la mort, et dans ce moment de grande tristesse, ses amis n'ont pu veiller une heure avec lui.« **Je ne vous appelle plus serviteurs....Je vous ai appelés amis, parce que je vous ai fait connaître tout ce que j'ai appris de mon Père** » lire Jean 15. 15. Le fils de l'homme s'est tourné vers le Père pour demander s'il était possible d'éloigner la coupe de douleur; le fils de Dieu s'est remis à la volonté de Dieu, et a accepté de boire la

coupe, puis un ange lui est apparu du ciel pour le fortifier (Luc 22. 43.)
Jésus a prié pendant une heure, il est resté une heure en la présence de Dieu, seul, dans l'angoisse et la tristesse. Mais, il a été fortifié, il a accepté d'accomplir la mission, de livrer son corps dans une soumission parfaite à la volonté de Dieu: mourir pour l'humanité.

Trahi par l'un de ses apôtres, recherché comme un brigand avec des épées et des bâtons, lié comme un malfaiteur, et comme un agneau, il n'a point résisté, c'est pour cette heure qu'il était venu. C'est pour cette heure que l'ange Gabriel est descendu à Nazareth annoncer à Marie la grâce particulière qu'elle a reçue de Dieu son Seigneur, porter en son sein le Fils du Dieu très Haut. Le diable a combattu Jésus dès sa naissance, car celui-ci est la postérité de la femme qui devait lui écraser la tête Genèse 3.15. Les mages ont vu son étoile depuis l'orient et ont fait un long voyage pour venir l'adorer. Le roi Hérode s'est senti menacé, jaloux de l'enfant-roi né dans une crèche, et cherchant à l'éliminer, il a fait massacrer tous les enfants de deux ans et au-dessous. Jésus est né et venu dans le monde pour mourir sur une croix, offrir son corps en sacrifice pour le salut de quiconque croît.
Esaïe 53. 3 à 5 nous révèle le plan du salut arrêté par Dieu afin de nous réconcilier avec lui : *«Méprisé et abandonné des hommes, homme de douleur et habitué à la souffrance, semblable à celui dont on détourne le visage, nous l'avons dédaigné, nous n'avons fait de lui aucun cas. Cependant, il a porté nos souffrances, il s'est chargé de nos douleurs; et nous l'avons considéré comme puni de Dieu, frappé de Dieu, humilié. Mais il était blessé pour nos péchés, brisé pour nos iniquités; le châtiment qui nous donne la paix est tombée sur lui, et c'est par ses meurtrissures que nous sommes guéris.»*

Les meurtrissures de Jésus apportent la guérison complète de l'esprit, de l'âme et du corps: le corps physique guéri de toute maladie et infimité, l'âme purifiée et délivrée des liens de la mort et de l'enfer, l'esprit régénéré, vivifié par l'Esprit de Dieu. L'esprit de l'homme, régénéré, s'unit avec l'Esprit de Dieu dans une fusion totale, *« Celui qui s'attache au Seigneur est avec lui un seul esprit.»* 1 Corinthiens 6. 17
« Pouvez-vous boire la coupe que je dois boire? » répondit Jésus à ses disciples qui désiraient être avec Lui dans sa gloire (Matthieu 20. 22-23). Avant sa crucifixion et avant de les quitter, le Seigneur a enseigné et mis en garde ses disciples, lesquels allaient également être persécutés et souffrir pour le nom de Jésus. Ils devraient boire aussi leur coupe comme chaque chrétien aujourd'hui. Mais la coupe que le Seigneur a bu, celle d'un innocent condamné à notre place, devenu péché, afin que nous devenions justice de Dieu, personne d'autre que lui ne pouvait la boire. C'est également la coupe de la nouvelle alliance en son sang, répandu sur nous, pour le pardon et la rémission des péchés. Jésus s'est livré, et a accepté la coupe que le Père lui a demandé de boire, afin d'accomplir les desseins de Dieu pour vous et moi. Cette coupe, c'est l'agonie à Gethsémané, l'arrestation, la condamnation à mort, le dos flagellé par une verge, trente-neuf coups, la couronne d'épines et les coups de roseau

sur la tête, les moqueries les crachats, la croix, la crucifixion, l'abandon par le Père, parce que devenu péché. Il s'est chargé de nos douleurs et de nos souffrances. A Gethsémané, Il a demandé aux disciples de veiller avec lui dans la prière pour ne pas succomber à la tentation. Mais ces derniers se sont endormis : «*... Vous n'avez donc pu veiller une heure avec moi! Veillez et prier, afin que vous ne tombiez pas dans la tentation; l'esprit est disposé, mais la chair est faible*» Matthieu 26.40-41. Le maître était triste, les disciples étaient encore plus tristes et affaiblis, ils vivaient un moment des plus tristes depuis qu'ils avaient abandonné, pour certains, leur barques et filets, pour d'autres, leur travail de collecteur d'impôt etc. Celui qu'ils avaient suivi, allait les quitter pour retourner vers le Père. Bien que Jésus les ait rassurés qu'il était avantageux pour eux qu'Il s'en aille, afin de leur envoyer un autre consolateur, le Saint-Esprit, ils avaient perdu espoir. Jésus était venu du ciel mourir sur la croix, et cette heure était arrivée. Ses derniers moments sur terre, Jésus était seul, seul devant sa mission, seul devant la coupe, mais le Père était avec Lui (Jean 16.32). Jésus nous demande à nous aussi, chrétiens du troisième millénaire de veiller et de prier. Voulez-vous veiller une heure avec Jésus? Lui par les meurtrissures desquelles nous sommes guéris. A l'agneau immolé, à l'agneau de Dieu, soient louange, gloire, honneur, magnificence.

Cette question que le Seigneur nous a posée, à Ruth, témoin de la vérité des faits de ce livre et moi-même, interpelle son épouse, les rachetés de Dieu.

Lorsque nous veillons à rester en communion avec le Seigneur, Il peut nous parler, nous donner une révélation sur un passage des écritures ou des instructions particulières pour notre croissance spirituelle ou pour l'édification de son corps.
Ce livre relate l'entretien que le Seigneur a eu avec Ruth et moi, une nuit de janvier 2010 et l'enseignement qui en découle. Certaines instructions sont données courant l'année 2011. D'autres passages du livre reprennent les pensées que le Seigneur me communique dans nos moments de communion, cela concerne chaque disciple de Jésus-Christ.

Première partie La visitation

Chapitre1 Le Consolateur, l'Ami fidèle

Je rends témoignage de ce que le Seigneur est avec nous en tout temps, dans la joie comme dans le malheur, quoique invisible à nos yeux *: «Et voici, je suis avec vous tous les jours, jusqu'à la fin du monde.* » Matthieu 28.20. Le Seigneur m' a visitée au moment où j'étais complètement traumatisée et le cœur brisé par la perte de ma sœur. Jésus est l'ami de tous les temps, dans le bonheur comme dans le malheur: aux noces de Cana, il était présent, il a accompli l'un des premiers miracles en changeant l'eau en vin; Quand Lazare est mort, quelques jours après, il arrive auprès de Marthe et Marie. Dans ce dernier cas également, il accomplit un autre miracle, ressuscitant Lazare d'entre les morts ce qui suscita la jalousie des chefs religieux lesquels décidèrent de le mettre à mort « Que ferons-nous? Car cet homme fait trop de miracles » (Jean11.47). Mon miracle, c'est la consolation que j'ai eue du Seigneur, sa manifestation glorieuse pendant le temps de deuil. Cette visite m'a consolée.

Quel Ami fidèle et tendre nous avons en Jésus Christ, ce cantique traduit dans plusieurs langues est parlant. Dieu n'est pas indifferent à ce qui peut nous frapper à un moment de notre vie. Il compâtit à nos douleurs, et sa volonté est de vouloir communier avec nous lorsque nous traversons des moments d'afflictions comme le deuil ou la maladie. J'avais tourné le dos au Seigneur lorsque le coup de de téléphone fatal d'une de mes nièces m'avertissait des derniers instants de vie de ma sœur . Jusqu 'au dernier moment j'attendais le miracle, je m'identifiais à Marthe et Marie qui avaient retrouvé leur frère Lazare après qu'il soit ressuscité. Mais cinq jours s'étaient écoulés me mettant face à la triste réalité, c'était le désarroi. J'avais arrêté de prier et de parler à Dieu quand ma sœur a cessé de vivre. L'hopital de la Pitié Salpetrière à Paris était devenu mon deuxième domicile depuis plusieurs mois. Deux semaines plus tôt, je refusais d'écouter le médecin en charge de ma sœur qui avertissait les membres de la famille de son départ proche . Je trouvais cela injuste. Matthieu 5.4 dit : « Heureux les affligés car ils seront consolés, et dans 2Corinthiens1.3 on peut lire : « Bénis soit, le Père de notre Seigneur Jésus Christ…et le Dieu de toute consolation, qui nous console dans toutes nos afflictions. » Dans ma douleur, dans le deuil, le Grand Dieu de l'univers est venu me visiter. Jésus est venu cette nuit là comme le Consolateur et l' Ami. J'attendais la visite des hommes pour partager mon chagrin, j'avais été déçue. Ce que les hommes ne peuvent vous donner dans des moments où vous avez le plus besoin d'eux, Dieu vous le donne, Il est omniprésent, et il s'intéresse à vous et à votre situation pourrie. Il est important de savoir que vous n 'êtes jamais seul dans des moments de crise profonde de votre vie . J'ai expérimenté ce qu'on appelle l'indifférence des Hommes à ce moment là, et c'est ainsi que j'ai vraiment réalisé que Dieu est le Seul qui ne nous laisserait jamais tomber . Des personnes que j'ai portées dans mon cœur pendant des années, ne m'ont manifesté aucun signe pendant ces temps difficiles . Cette indifférence totale m'a poussée à reconsidérer mon cœur dans mes relations avec les autres,et c 'est alors que Dieu a commencé à m'enseigner et m'emmener dans sa parole pour réajuster mes relations et connaître les motivations de mon cœur. Sans le secours de Dieu, la porte de mon cœur se serait pour toujours fermée à toute relation de confiance. Il a fallu que je connaisse l'ingratitude à un moment crucial pour que tout ce que j'avais bâti moi même s'écroule. J'entretenais en fait des relations qui donnaient satisfaction à mon propre cœur, et je m'étais investie de tout cœur pour plaire non à Dieu, mais aux hommes. Je le faisais tout naturellement ! J'avais servi les hommes et cherché à leur plaire, les accueillant, rendant des visites, des services, allant çà et là, mais j'avais été abusée, exploitée par ma propre naïveté. Depuis, j'ai appris que la présence de Dieu dans ma vie est plus que suffisante et que toute chose doit être faite dans le nom du Seigneur. L 'épître aux Colossiens chapitre 3, les versets 17 et 23 sont des passages qui ont attiré mon attention lorsque des mois après le deuil, je méditais sur le silence des gens à mon égard dans une période de ma vie très difficile . Les Hommes n'ont pas compâti à ma douleur tant dans les épreuves de maladie à cette même époque que dans le deuil, au contraire j'étais l'objet de calomnies et de mépris. Cependant le Dieu Consolateur était présent, et il est avec nous tous les jours de notre vie alléluia ! Lorsqu 'en 2014, j'ai à nouveau vécu une série noire de perte de mes deux autres soeurs, L'Esprit de Dieu me communiquait des cantiques d'adoration pendant toute la période des obsèques. Ma relation avec le Seigneur s'est beaucoup approfondie ces cinq dernières années dans toutes sortes d'épreuves. Dieu m'invitait à l'adorer pendant ces temps de tristesse infinie, de larmes.

Les chants passaient surtout dans ma tête et de temps en temps j'ouvrais ma bouche. J'étais passée du temps des lamentations à celui de l'adoration dans la douleur et la souffrance. C'est de Dieu seul que je pouvais tirer ma force, et l'Eternel est notre force. Que rien ne vous empêche de louer Dieu et de l 'adorer dans les temps difficiles comme dans les défis de la vie quotidienne, votre relation avec le Père deviendra de plus en plus intime.

J'ai reçu du Seigneur, la nuit où Il est venu me consoler une information très importante au sujet de ma sœur, et c'est ce que je vais vous partager dans le prochain chapitre. *« Crois au Seigneur Jésus, et tu seras sauvé toi et ta famille »* Actes 16.31.

Chapitre 2 Une révélation importante, le salut de l âme

Dans la nuit du 26 au 27 Janvier 2010 aux environs de 1 heure 20, le Seigneur nous a parlé, à Ruth et moi comme je l'ai déjà indiqué. Ruth était venue m'assister. Voulez-vous veiller une heure avec moi? demande Jésus. Nous avions répondu simultanément, moi : « Oh oui Seigneur! », et Ruth:« Oh oui Père! ».

Nous ne l'avions pas vu, ni avec nos yeux physiques, ni avec nos yeux spirituels, le Seigneur était invisible, mais il parlait, en se servant de ma bouche.
Jésus commença la conversation par cette parole : « Je me laisserai trouver par ceux qui me cherchent dit le Seigneur Dieu.»

C'était la première visite du Seigneur, se manifestant avec gloire, majesté et puissance. Je traversais un moment de traumatisme émotionnel profond, et mon cœur était brisé, mais le consolateur était présent. Sa présence merveilleuse cette nuit était la preuve qu'il compatissait à ma douleur. J'étais en deuil, et la dépouille de ma sœur se trouvait encore au funérarium (chambre funéraire) de l'hopital. Une année et demie avant, elle arrivait du Congo pour des soins en France; elle attendait de surcroît son deuxième enfant qu'elle n'a jamais eu l'occasion de porter dans ses bras. Les médecins avaient pratiqué une césarienne à 22 ou 23 semaines de grossesse, mais l'enfant gros prématuré n'a pas survécu après 48 heures. Ma sœur a lutté plus d'une année contre la leucémie, et j'avais tant espéré en Dieu. Nous avions(la famille) mis également beaucoup d'espoir sur la greffe de la moelle osseuse pratiquée, mais d'autres maladies avaient surgi, alors que la leucémie était en rémission selon les médecins. Ma sœur refusait de partir et luttait pour survivre. Ses douleurs étaient apaisées par les doses de morphine. La vie d'un homme est comme la fumée qui se dissipe, tout est parti si vite. Je me souvenais des derniers instants à la maison, en été, avant sa dernière hospitalisation ; comme elle était rayonnante ! Je voulais un miracle de Dieu, j'attendais ce miracle. Je prie un Dieu vivant, je crois en un Dieu capable de guérir toutes les maladies, quelle que soit la maladie. Pourquoi le Seigneur ne la guérissait pas? Je ne voulais absolument pas faire une prière pour demander la volonté parfaite de Dieu pour elle. Je refusais de la voir partir, « j'exigeais » un miracle, ma foi était mise à rude épreuve. La maladie de ma sœur était devenue ma pierre d'achoppement. Ma relation et ma communion avec Dieu avaient pris un coup. Après son décès, je me rappelais sans cesse le jour de sa naissance, je me souvenais parfaitement des détails et même du temps qu'il faisait ce jour-là. J'avais sept ans quand ma sœur est née. Je pensais à sa petite fille de trois ans. J'étais si brisée émotionnellement et physiquement que mes problèmes de santé avaient ressurgi. En effet ma santé était encore fragile à cette époque ; cependant pendant des mois, j'avais rassemblé mes efforts pour l'assister, comme chaque membre de la famille en France ou de passage. L' idée de la perdre était insupportable. Lorsque ma sœur est arrivée en France pour des soins, je n'avais pas pu aller la voir aussitôt, car je souffrais beaucoup physiquement. Deux semaines après son arrivée, je lui ai rendu visite, et j'ai été poussée par l'Esprit à lui demander si elle voulait recevoir Jésus Christ comme Sauveur et Seigneur, car je savais qu'elle aurait besoin du soutien de Dieu et d'avoir cette relation personnelle avec Christ, ce qu'elle fit. Deux mois après, elle se retrouva à l'hôpital Cochin où on lui pratiqua une césarienne pour mettre le bébé à la couveuse afin d'entamer la chimiothérapie(le bébé n'a pas survécu). Deux mois et demi avant son décès, je décidais sous la pression de l'Esprit d'emmener la bible là où elle avait été transférée dans un hôpital des Hauts de Seine. Pendant ce séjour de quelques semaines, il nous était permis de rentrer dans la salle, alors qu'à l'hôpital de la Pitié- Salpetrière à la même période, nous communiquions depuis la fenêtre par interphone. Je n'avais pas, à cette époque, saisi le plan de Dieu qui préparait son âme. Je croyais que Dieu avait établi un programme, celui de lui donner la parole dans le livre de Jean, uniquement pour faire naître sa foi en Dieu et en sa parole. Ce cantique « fais quelque chose de nouveau dans ma vie » revenait sans cesse dans mon esprit, alors je lui avais appris les paroles et nous répétions ensemble pour la fortifier. Son corps était très endommagé, mais je disais dans mon cœur c'était un petit problème pour Dieu, Il a la capacité de guérir et restaurer. Cependant Dieu avait permis qu'elle s'en aille, rien ne peut nous arriver sans que Dieu ne le permette. Je ne connais pas les raisons pour lesquelles Dieu n'a pas prolongé son existence. Son salut éternel était plus important. A son décès j'étais perplexe; c'était pour moi incompréhensible que cela se passe ainsi. Puis le Seigneur se présente cette nuit et me dit ma sœur est en paix, elle est au ciel. Elle était sauvée. Jésus rajouta : « Elle est au ciel, mais sans couronne, car elle ne m'a pas servi… » . Elle a été sauvée dans les derniers moments de sa vie sur terre. Ma sœur a cru en Jésus en confessant son nom, elle se repentait de ses péchés, elle priait et demandait au Seigneur un miracle; elle rappelait même au Seigneur les témoignages qu'elle a vus sur les chaînes de télévision chrétienne en Afrique. Elle demandait à Dieu de faire quelque chose de nouveau dans sa vie, mais elle s'en est allée, et cette nuit, le Seigneur m'a consolée me disant que ma sœur était en paix, son âme sauvée (Dieu a effectivement fait quelque chose de nouveau dans sa vie, Il lui a donné la vie éternelle). J'étais reconnaissante pour cette âme sauvée et pour la vie éternelle. J'ai compris à partir de la révélation du Seigneur qu'au ciel, il y a des catégories de saints, certains ont des couronnes et d'autres non. Je pense même que les couronnes diffèrent en éclat et en luminosité.

Le Seigneur m'a encore dit : « Willy est au ciel ». Surprise, j'ai pensé que c'était moi qui parlais à ce moment là. Or j'étais totalement sous le contrôle du Seigneur . Ruth était étonnée d'entendre cette autre révélation du Seigneur,et elle a attendu que je lui explique quand nous sommes restées seules après la visite. Lorsque j'avais quatorze ans, mon frère Willy avait dix ans et il avait été assassiné par un prisonnier en permission. Longtemps, j'ai pleuré mon petit frère, la nuit, même une dizaine d'années après le drame. Je crois que j'avais arrêté de le pleurer lorsque j'ai eu mon premier enfant, un garçon. Puis mes plaies ont été cicatrisées après avoir donné ma vie à Christ. Dieu avait commencé le travail de restauration de mon âme, me guérissant de certaines blessures intérieures.

Si le Seigneur m'a visitée pendant que la dépouille de ma sœur était encore au funérarium de l'hôpital, c'était pour me consoler. C'était très important et essentiel de savoir que ma sœur était auprès du Seigneur. Savoir son âme en paix par la révélation du Seigneur m'a aidée à guérir du traumatisme quelques mois plus tard. Je n'avais plus de doute sur le lieu de son éternité. La religion ne sauve pas, aller à la messe ou au culte tous les dimanches ne donne pas la vie éternelle. La vie éternelle c'est croire en Jésus et croire qu'Il est venu sur terre pour mourir sur la croix à notre place, pour expier nos péchés, et nous réconcilier avec le Père. C'est la rencontre personnelle avec Christ, c'est faire de lui votre Sauveur personnel et Seigneur. Mais si vous n'avez pas connu Christ personnellement et que vous ne lui avez pas donné votre vie c'est trop tard, et ce même si notre famille demande des messes et des prières. Les prières demandées par les familles leur donnent le sentiment de faire quelque chose, de sauver l'âme du purgatoire, mais c'est le mensonge de l'ennemi. Il y a deux lieux après cette vie: le paradis ou l'enfer, il n y a pas de salle d'attente pour le paradis. Après la mort, la condition de l'âme est scellée pour l'éternité, soit la vie éternelle soit la mort éternelle. C'est de notre vivant que nous devons préparer le lieu de notre éternité. Entre une croyance religieuse, et la vérité de la parole de Dieu, choisissez la vérité pendant qu'il est encore temps, alors que votre âme est encore dans son enveloppe terrestre. Aucune personne ne peut aller au ciel après sa mort sans avoir fait la paix avec Dieu pendant sa vie terrestre. Les messes pour que l'âme puisse être rachetée sont contraires à ce que dit la Bible *« Il est réservé aux hommes de mourir une seule fois, après quoi vient le jugement »* (Hébreux 9. 27).

Par ailleurs, le salut s'obtient par la grâce et non par les œuvres, et c'est une démarche personnelle, cela ne s'acquiert pas par mandat ou procuration posthumes. C'est de notre vivant que nous devrions nous abandonner entre les mains du Seigneur, et vivre dans la crainte et la sainteté. Il y avait deux brigands sur la croix avec Jésus, le brigand sauvé a confessé personnellement et a fait une démarche personnelle. La Bible est claire: *« Celui qui a le Fils a la vie »* (1 Jean 5. 12), son esprit est régénéré et son âme purifiée par le précieux sang de l'agneau. *« Baisez le fils, de peur qu'il ne s'irrite »* (Psaume 2.12). Tout chrétien qui marche dans le désordre, sans se repentir, n'ira pas au ciel s'il meurt dans un état de péché. Les fréquentations de l'église, la bonté et la miséricorde de Dieu ne le sauveront pas s'il n'a pas demandé à Dieu de lui pardonner ses péchés et de mettre sa vie en règle, avant de quitter ce monde. La repentance quotidienne est importante, le Saint-Esprit nous convainc de péché chaque jour et n'attendez pas le soir avant de dormir pour vous repentir. Prenez l'habitude de vous remettre aussitôt en cause lorsque l'Esprit vous reprend. Nous savons que le soleil ne doit pas se coucher sur notre colère. Cependant, si vous vous êtes mis en colère le matin, n'attendez pas jusqu'au soir pour régler ce problème, soyez sensible à la voix de l'Esprit. Faites toujours la paix avant d'aller vous coucher, ne vous endormez pas dans la colère, c'est très mauvais. Pardonnez les offenses et vous recevrez aussi le pardon de Dieu.

Cinq jours après le décès de ma sœur, j'avais donc pensé passer au moins une nuit à la maison (depuis le premier jour du deuil, les membres de la famille s'étaient réunis au domicile de ma sœur aînée dans la banlieue sud-est de Paris).

Très exténuée physiquement et émotionnellement, j'étais couchée sur le canapé au salon, et mon amie Ruth s'était endormie sur l'autre canapé à côté. Je me suis réveillée en sursaut, jetant un coup d'œil sur l'heure affichée par le modem (le boîtier qui se branche à l'ordinateur et qui permet de se connecter à Internet), il était environ 1 h 10 minutes du matin. J'avais l'impression de m'être endormie quelques minutes à peine ; c'était le résultat de la fatigue physique et émotionnelle des jours précédents, alors que j'étais sur ce canapé depuis quatre heures du temps au moins. Je décidais d'aller me coucher dans la chambre et élevais péniblement ma voix pour prier et rendre grâce à Dieu, ce que je n'avais plus fait depuis quelques jours. Je demandais au Seigneur de bénir les quelques heures de la nuit qui restaient, et de nous protéger. Ruth s'était réveillée et priait aussi.

Puis tout à coup, tout a commencé! Quelque chose se passait dans mon corps, je me suis d'abord agenouillée puis je me suis étendue sur le parquet face contre terre, les deux bras tendus devant en position d'adoration. Mon corps se retournait, sans que je puisse le maîtriser, je recevais comme des décharges électriques. Après un certain temps, j'ai saisi dans mon esprit que le Saint-Esprit était à l'œuvre et prenait le contrôle. Mais pourquoi mon corps se tord bizarrement? Quelques minutes après, ma bouche s'ouvre, Dieu me parlait par ma propre bouche, pour me consoler de mon éloignement de mon pays, de mon séjour en France. Il me parlait de sa gloire m'accompagnant partout où j'allais. Le jour où les enfants d'Israël sont sortis d'Égypte, toutes les armées de l'Éternel sortirent de l'Égypte (Exode 13.41). La gloire du Dieu vivant en effet, demeure sur le toit de la maison de ceux qui marchent avec Dieu. Quand un enfant de Dieu quitte un lieu, la gloire qui y était le quitte aussi, sauf s'il s'y trouve d'autres enfants de Dieu. Le Seigneur m'a clairement parlé et m'a dit cette nuit-là que sa gloire (sa présence) avait quitté la maison où j'ai habité pendant des années le jour où je suis partie de ce lieu. Ce message m'avait quelque peu attristée.

Ensuite le Seigneur s'adresse à Ruth l'appelant par son prénom par une voix douce et plein d'amour. Elle répondit oui Père! (La plus grande partie de la conversation s'est passée entre le Seigneur et Ruth). Après quelques minutes de silence, Le Seigneur Jésus nous demande, toujours avec cette voix rassurante et douce : « Voulez-vous veiller une heure avec moi? »

Je réponds en même temps que Ruth : « oh oui Seigneur» comme je l'ai dit. J'étais l'instrument utilisé pour cet entretien. Dieu s'est servi de ma bouche et causait avec Ruth, c'était incroyable et pourtant si réel, si vrai. Quand cela vous arrive, vous n'avez pas les mots pour décrire ces moments de gloire, le Seigneur des seigneurs, le Roi des rois se servait de mon corps, de mon être, de ma bouche pour se manifester dans la vie de sa fille, cela ne m'était encore jamais arrivé auparavant. Certes Dieu nous donne des dons pour le servir pour sa gloire, et pendant les prières en communion fraternelle avec les frères et sœurs, le Seigneur peut donner des paroles de connaissance ou donner des instructions, mais jamais encore il ne s'était manifesté dans ma vie pour converser directement comme s'il était là physiquement. Il parlait des choses concernant la vie passée, présente de Ruth et donnait quelques directives, il s'entretenait avec elle, lui rappelait des personnes qu'elle connaissait, les citant par leurs noms, je ne les connaissais pas. Le Seigneur lui apportait la lumière sur certains faits vécus, ou sur sa vie actuelle. Pendant tout ce temps, mon corps n'était plus dans l'état de fatigue, mon esprit vivifié, et mes émotions restaurées. Ruth a cherché rapidement un bloc-notes qui était sur l'un des meubles au salon et un stylo dans son sac pour noter les paroles du Seigneur. Jésus parlait et restait quelques minutes silencieux, puis conversait de nouveau. Ruth notait ce que le Seigneur disait. Plus d'une heure après, le Seigneur nous pose encore la même question comme au début « Voulez-vous encore veiller une heure avec moi ? » Oh oui, il était hors de question d'aller nous coucher, quel privilège ? Quel moment éternel ? Quel pur bonheur ? Quelle grâce ? Le Seigneur Jésus-Christ était là avec nous et demandait si nous voulions encore rester veiller une heure avec lui. Il était déjà près de trois heures du matin. De fois il plaisantait, rappelant à mon amie les faits vécus avec ses enfants, l'affection particulière qu'elle avait pour sa dernière fille, et faisait la comparaison avec l'amour que Jacob avait pour Joseph, parce qu'il l'avait eu dans sa vieillesse. Mon amie a également enfanté sa dernière fille dans la quarantaine, tandis que les autres enfants sont nés dans sa pleine jeunesse. Le Seigneur avait beaucoup d'humour, nous étions là comme des amis qui se retrouvent et partagent de bons moments, mais nous avions la crainte révérencielle, car il était là dans sa divinité, avec gloire et magnificence. Si l'une de nous avait manifesté le désir d'aller se coucher, je pense qu'il n'aurait pas insisté, le Seigneur est un gentleman. Quelle délicatesse, il nous laisse le choix de rester veiller encore une heure avec lui ou non. Il nous demandait notre accord de rester encore une heure. Pour rien au monde, nous ne voulions passer du temps ailleurs, pas question de dormir, pas question cette nuit d'attendre des révélations par les songes et les visions, Dieu était là et nous parlait, parlait à sa fille. Lorsqu'il a dit quelque chose dans mon esprit, cette fois concernant une de mes proches, je n'ai pas voulu répéter cela, et le Seigneur a dit à Ruth : « Demande à Sylvie de dire ce que je viens de lui communiquer dans son esprit, pourquoi refuse-t-elle d'ouvrir sa bouche ? » Je ne voulais pas que Ruth écoute ce que le Seigneur avait à dire sur cette personne parmi mes proches. Puis j'ai obéi, jusqu'à la fin, je n'ai plus résisté. Nous avions reçu des révélations très profondes sur plusieurs domaines, sur les relations que nous devrions avoir avec des gens, sur notre liberté en Christ, de ne plus nous mettre sous le joug des gens, des révélations sur notre pays. Le Seigneur me reprochait également mon bavardage et mon indiscrétion sur certaines révélations qu'il me donne. Puis Le Seigneur dit à Ruth qu'Il la testait pour voir si elle pouvait garder des secrets, car des révélations profondes ont été amenées à notre connaissance sur certaines personnes, certains bergers. Ma responsabilité consiste à mettre sous plume ce qui est susceptible d'édifier le corps de christ afin que l'épouse de Christ se prépare, et que chacun ait le fardeau de prier pour les âmes perdues pour les conduire à Christ.

Chapitre 3 L'entretien avec le Seigneur (extraits)

Le Saint-Esprit m'est témoin, je ne mens point, je rends témoignage à la vérité. Voici quelques extraits des paroles du Seigneur Jésus-Christ.
Jésus: « Au commencement était la parole, et la parole a été faite chair. Si vous mangez ma chair et buvez mon sang, cette parole fera du bien à votre âme… » (Jean1 et 6)

Jésus : « Recevez mes instructions car je suis doux et humble… »(Matthieu11.25b)
« Jean est venu, ils l'ont rejeté, mais les pauvres en esprit l'ont écouté. Aujourd'hui c'est la même chose, on ne vous écoutera pas, mais les pauvres en esprit vous écouteront… »

Jésus: « Sur la terre j'ai travaillé de mes mains et j'y ai pris beaucoup de plaisir. Vous devriez tout faire et travailler avec plaisir… »
Jésus: « Aimez Israël, aimez Israël, aimez Israël, bénissez Israël. Les enfants d'Israël sont des descendants d'Abraham, vous, vous êtes des fils d'adoption par la foi. Pourquoi sembliez-vous oublier? (avec une pointe d'irritation) et pensiez-vous qu'il faille partager Israël ! cette terre a été donnée à Abraham, Isaac et Jacob… »
« Votre pays s'était ligué contre Israël en prenant faits et cause pour la Palestine et cela a entraîné la malédiction. Priez pour votre pays, et demandez pardon pour le péché commis; bénissez Abraham et Israël, et vous serez bénis… »
Genèse 12. 3

« Regardez l'exemple des États Unis, parce qu'ils bénissent Israël, ils sont bénis (peut être économiquement, je ne sais, car le Seigneur n'a donné aucune précision sur le type de bénédictions)
« Vous oubliez que le salut vient des juifs? Ne vous glorifiez pas de votre salut, c'est par Israël que vous avez le salut, et il y'aura un reste d'Israël qui sera sauvé… »
Romains 11. 5 ; 11.12; 11.29.
« Nul n'est prophète chez soi, les enfants de ma servante ne connaissent pas le potentiel que j'ai mis dans ma fille… (parlant de moi)»
« Je frappe à la porte, quand on ouvre je rentre, quand on n'ouvre pas, je ne rentre pas… »
« Ruth console ta sœur » (j'étais en effet très affligée.)
« Demandez- moi l'intelligence de comprendre le message qui est dans le psaume 15 »

Le Seigneur poursuit : « Je vous ai donné mes secrets, je partage mes secrets à mes bien-aimés, à mes élus, aux amis intimes; c'est pour vous. Si vous me cherchez de tout votre cœur, je vous révèlerai des choses profondes… »

Le Seigneur Jésus-Christ « Aimez-moi! Je dois toujours avoir la première place dans votre vie… »
Le Seigneur : « J'ai préparé votre rencontre… »

Cette saison dans ma vie était celle où le Seigneur m'avait rapprochée de Ruth.
A mon avis la rencontre entre certaines personnes n'est pas le fruit du hasard, cela s'inscrit dans le dessein de Dieu, soit pour un temps, soit de façon permanente. Je ne saurai dire si avec Ruth la relation sera permanente. J'ai l'expérience que Dieu a souvent brouillé les cartes dans mes relations dans le but d'accomplir ses plans dans ma vie et à travers moi . Ruth et moi, nous nous sommes connues à la faculté de droit. Pendant la période estudiantine, nous nous saluions et nous échangions quelques mots lorsqu'on se croisait dans les rues de Paris ou ailleurs, sans être vraiment proches. Nous avions chacune suivi sa route. Après un parcours tâtonnant pour chercher Dieu, nous avions chacune donné notre vie au Seigneur Jésus-Christ.
Après cette première visite, le Saint Esprit m'a beaucoup parlé dans mon cœur. Le Seigneur doit toujours avoir la première place dans les relations que nous tissons avec les autres. Une relation d'amitié ne doit pas éclipser la relation privilégiée, unique que nous avons avec le Seigneur. Notre premier confident doit être le Seigneur, confiez-vous en Lui, partagez avec lui vos secrets, projets, rêves.

Le Seigneur en effet nous a dit l'importance de soumettre à sa seigneurie nos relations humaines, nous a demandé de lui laisser prendre le contrôle des relations que nous tissions les uns les autres. Pendant des années, je dépendais tellement des personnes qui m'ont enseigné la parole, guidé, appris à prier qu'elles avaient pris tant de place dans mon cœur, celle qui est réservée à Dieu seul. Dieu ne partage pas sa gloire, aujourd'hui je les vois rarement, et ces personnes ne savent pas ce qu'est ma vie, et ma vie spirituelle. Le Seigneur m' a prise et mise à l'écart pour me faire grandir. Les épreuves de ces dernières années ont été des moments de quête insatiable de Dieu. Dieu peut vous séparer aussi d'avec des personnes dont vous appréciez la compagnie, celles qui ont partagé vos joies et vos peines. Le plus douloureux c'est lorsque le Seigneur vous sépare de vos anciens conducteurs spirituels, des personnes qui ont jeûné prié et crié à Dieu pour vous. Dieu a ses raisons et il a toujours raison même s'il ne nous fait pas toujours connaître le pourquoi des choses . Le Seigneur peut, pour un temps, vous rapprocher de certaines personnes dans le but de vous enseigner, instruire, pour atteindre un but. Dieu peut aussi vous faire quitter le lieu où vous connaissiez tout le monde, pour vous emmener dans un lieu inconnu. Cependant il sera toujours avec vous. Or, nous nous accrochions à ce que nous connaissons et n'aimons pas l'inconnu ni le changement. Plusieurs personnes en venant à Christ ont perdu beaucoup d'amis, c'est le prix à payer. Cependant Dieu pourvoira à notre besoin émotionnel et affectif, car il répand son amour sur nous et nous donnera aussi des frères et des sœurs en Jésus, certains deviendront de véritables amis. Par exemple , quand le fardeau de la prière est trop pesant, lourd, nous avons besoin d'un soutien, deux valent mieux qu'un. C'est ainsi qu'il est important d'avoir des partenaires de prière en qui vous avez confiance. En 2010, avec deux autres femmes (Ruth n'en fait pas partie) nous avons créé un petit groupe de partenariat dans la prière, et nous avons fait le vœu de se faire confiance , de ne pas divulguer à de tierces personnes les sujets de prière partagés . En 2015, nous avons fait le bilan, Dieu a répondu à quatre vingt dix pour cent de nos requêtes de prière ! nous avons été chacune bénie, et entretenons de très bonnes relations. Entre partenaires, les relations doivent être transparentes, authentiques et fondées dans l'amour de Dieu.

Jésus : « Ruth je te teste pour voir si tu peux garder des secrets, et si je peux te faire confiance, et je t'en confierai de plus grands…» (Quatre années après cette visite, quel ne fut pas mon étonnement devant le silence gardé par Ruth, lorsque le Seigneur lui demandait si elle voulait s'engager plus profondément avec lui .)
Aux environs de 3 heures du matin, le Seigneur nous demande pour la deuxième fois « Voulez-vous encore veiller une heure avec moi ? ». Nous avons répondu en chœur : « ô oui Seigneur! »
Dans la deuxième phase de veille le Seigneur parle de Joseph d'Arimathée.
Jésus s'adressant encore à Ruth : « Connais-tu Joseph d'Arimathée ? » Oui Père répondit-elle et lorsqu'elle a voulu parler pour expliquer qui c'était, le Seigneur lui dit avec tendresse et douceur « Relis dans la Bible, car la mémoire humaine peut faillir… »
Jésus continue à parler de son disciple Joseph d'Arimathée : « Il y a des gens dont les noms sont écrits dans la Bible et restés dans la mémoire; certains ont fait de bonnes œuvres; d'autres de mauvaises; d'autres noms encore n'ont pas été révélés. La foi sans les œuvres est morte…Produisez de bonnes œuvres. »
Après une petite pause, le Seigneur continue : « Joseph d'Arimathée a fait une bonne œuvre, sa foi l'a démontrée.»
Jésus : « Vous êtes des perles rares » . Je suis sûre que le Seigneur parlait du peuple qu'il a racheté au prix de son sang.
Dieu appelle son épouse, les rachetés, des perles rares qui sont d 'un grand prix(Matthieu 13.45-46). L'épouse de Jésus a une grande valeur, elle a été lavée et purifiée par le sang de l'agneau et par l'eau de la parole . C'est un honneur que Dieu fait à ses enfants, les comparant ainsi aux douze portes de la nouvelle Jérusalem qui sont douze perles Apocalypse 21.21

Puis le Seigneur me reproche mon bavardage :
« Sylvie, évite de trop parler, tu parles trop… Tu donnes les choses saintes aux chiens, à des personnes qui ne me connaissent pas… » Matthieu 7.6. « Ô Éternel, mets une garde à ma bouche, veille sur la porte de mes lèvres! » Psaume141.3 ; c'est ma prière, comme David.
« Celui qui parle beaucoup ne manque pas de pécher… » Proverbes10.19
« Celui qui veille sur sa bouche garde son âme; celui qui ouvre de grandes lèvres court à sa perte » Proverbes13.3
J'étais en effet une personne qui parlait beaucoup, sans réfléchir sur ce qui sortait de

ma bouche. Je parlais tant que je ne savais pas écouter. Cela a causé du chagrin et était source de confusion dans ma relation avec les autres. Longtemps, j'ai vécu de cette manière, ne sachant pas communiquer. Quelque chose me poussait toujours à répondre avant même d'écouter mon interlocuteur jusqu'au bout. Dans l'exercice de la profession d'avocat, cela agaçait les juges lorsqu'au cours des plaidoiries, je coupais la parole à l'avocat de la partie adverse. Dans mes relations avec mes proches, lorsque ce que j'écoutais ne me plaisait pas, je ne cachais pas mon impatience. Et quand j'ai commencé à recevoir les choses de Dieu dans les songes, je les partageais sans avoir reçu l'instruction du Seigneur.

Le Seigneur me reprochait mon bavardage et mon manque de sagesse, comme je l'ai écrit précedemment. Je me souviens lorsque j'étais étudiante, dans les sorties au restaurant au quartier latin à Paris, entre étudiants, j'étais parmi les personnes qui accaparaient la parole et parlaient sans arrêt. Je pensais toujours tout haut. Il m'arrive encore de réfléchir tout haut, et d'entendre ma fille me dire « maman ! Réfléchis dans ta tête, tout le monde n'a pas besoin d'écouter ce à quoi tu penses en ce moment », et je lui réponds : « Je me parle à moi-même! », et elle me fait remarquer « maman!, mais c'est très désagréable d'entendre quelqu'un qui pense tout haut !». J'étais moi-même étonnée de trouver désagréable les réflexions (pensées) à haute voix d'une dame qui faisait ses courses seule dans un centre commercial, et j'ai tout de suite compris comment j'étais perçue par les autres lorsque je pensais toujours tout haut. Je sais que depuis deux ou trois ans, Dieu se sert beaucoup de mes enfants pour me montrer mes défauts, afin de me corriger. Je lui suis reconnaissante, ça marche. Je prends la température de mes progrès avec Dieu lorsque je réagis différemment devant mes problèmes, rendant grâce à Dieu au lieu de me lamenter ou de me plaindre.

Enfin pour terminer, le Seigneur nous a exhortées à encourager ses enfants à lire de bons livres chrétiens qui parlent du ciel et de l'enfer.

Jésus : « Il faut que mes enfants lisent les livres de révélation sur le ciel et l'enfer »
Certains ne croient même pas qu'il puisse exister une vie après la mort, et c'est une tragédie, car le diable se sert de leur ignorance pour les empêcher de se préparer pendant qu'ils sont encore vivants. L'ennemi maintient beaucoup d'hommes et de femmes captifs enfermés dans les forteresses de la négation de Dieu et d'une vie après cette vie terrestre corporelle, donc loin de la vérité pour leur perdition éternelle.

Le Seigneur Jésus, cette nuit de janvier 2010 a aussi évoqué le livre de Choo Nam Thomas « Le Paradis est si réel ». A cette époque, je ne manquais pas d'occasion de demander aux chrétiens s'ils avaient déjà lu ce livre. C'est l'un des cadeaux que j'offrais quelques fois pour des anniversaires.

Père désire que ses enfants lisent les livres de révélation du paradis ou de l'enfer qu'il a fait connaître à nos contemporains. Le Seigneur Jésus fait la promotion de certains livres, et ce n'est pas un hasard si ceux-ci connaissent un immense succès. Dieu lui-même en est le promoteur.

En juillet 2008, bien que malade et affaiblie j'avais pris la résolution d'aller me « ressourcer » au pays. Au cours du voyage entre la France et le Congo, pendant l'escale à Addis Abeba, je profitais de ce temps pour lire « le Paradis est si réel ». J'avais deux exemplaires du livre dans mon bagage à main. Quand j'ai commencé la lecture, j'ai pensé « prêter » pour le temps d'escale l'autre exemplaire à une chrétienne que je connaissais depuis des années quand nous habitions Pointe-Noire. On se sent tout de suite à l'aise en sa présence. Nos conversations sont fructueuses, les rares fois que nous nous rencontrions, nous parlions des choses de notre Père céleste. Cette jeune dame me faisait le témoignage de sa guérison miraculeuse, atteinte de paralysie des jambes pendant plus d'un an, Jésus l'avait relevée. Elle était en parfaite santé, et je rendais gloire à Dieu de la voir si rayonnante. Bien que malade, je savais que Jésus m'avait guérie, j'attendais la manifestation physique de cette guérison. Je n'avais plus peur de mourir, j'avais les promesses de Dieu et je les ai saisies par la foi (lire mon livre témoignage Jésus le Grand Médecin). La dame n'avait pas entendu parler de ce livre, je lui suggérai de lire les premières pages le temps d'escale. Dès que je lui remis le livre, j'entendis l'Esprit me parler clairement de lui donner le livre afin qu'elle me rembourse le prix payé à Paris. Je refusais d'obéir, j'avais fait d'autre projet sur ce livre. Je n'avais pas encore fini d'argumenter avec l'Esprit sur les raisons de mon refus, que la personne concernée revint me voir et me parla en ces termes: « Le Seigneur m'a demandé, de te dire de me donner le livre et que je te rembourse le prix payé... » J'eus honte de mon attitude, je lui avouais que j'avais reçu la même instruction du Seigneur, sans cacher mon péché, je me repentis de ma désobéissance. Dieu lui avait vraiment parlé dans les mêmes termes. Elle me remboursa le prix et garda le livre. Le Seigneur est capable de faire la promotion d'un livre pour que ses enfants soient bénis et trouvent les solutions à certains problèmes ou pour leur croissance spirituelle. J'ai personnellement été souvent délivrée, secourue, consolée, affermie dans les épreuves en lisant de bons livres chrétiens, que je mettais en pratique dans ma propre vie. Toutefois, la Bible reste le seul livre que nous devons étudier et méditer quotidiennement, avec l'aide du Saint-Esprit, pour connaître Dieu et sa parole chaque jour un peu plus.

Aux environs de 4 heures du matin, le Seigneur nous demande de nous reposer quelques instants et nous donne des instructions pour la journée. Jésus nous dit également de nous reposer au salon, de ne pas aller dans la chambre afin d'éviter de nous endormir très profondément car nous avions une course importante à faire; Il nous dit également que les anges étaient présents. Comme j'aurai bien voulu les voir ! Je devrais aussi sur instruction du Seigneur imposer les mains à mes enfants qui dormaient dans leur chambre respective. J'avais, pendant ces moments en présence du Seigneur, oublié tout chagrin. J'étais rafraîchie le Seigneur m'avait consolée, même si mon cœur était toujours brisé; quelques mois plus tard mes blessures ont été pansées par le Seigneur, je ne ressentais plus la douleur vive des premiers mois, bien que le vide laissé par l'être cher disparu était là. Nous avions passé cette nuit près de trois heures, nous étions honorées, consolées, fortifiées, et mon amour pour Jésus a encore grandi.

Jésus a terminé la conversation par ces mots, avant de nous laisser nous reposer: «**Je reviens bientôt...**»

Deuxième partie l'intimité avec Dieu

Chapitre 1 Voulez-vous veiller une heure avec Moi ?(Jésus)

Veiller est défini selon le dictionnaire le Petit Larousse comme exercer une garde, une surveillance, prendre soin de, s'occuper de, protéger etc. L'encyclopédie biblique le définit également comme surveiller. Nous pouvons exercer une garde (par la prière) pour empêcher le voleur de nous voler, égorger et détruire (Jean10.10); *« Soyez sobres,veillez. Votre adversaire, le diable, rode comme un lion rugissant, cherchant qui il dévorera. »* (1 Pierre 5.8).Nous devrions également veiller à prendre soin de ce que Dieu nous confie. Nous sommes appelés à veiller pour protéger notre foi, en combattant le bon combat de la foi, tenir ferme dans la foi, malgré les difficultés (1 Corinthiens 16. 13). Je me souviens d'un cantique qu'on chantait dans mon Église en Afrique, inspiré des écritures notamment de Galates 5. 7-8 :

« Vous couriez bien
Qui vous a arrêtés
Pour vous empêcher d'obéir à Dieu?
Cette influence ne vient pas de Celui qui vous appelle, mais vient du malin
Combattez le bon combat, le combat de la foi au nom de Jésus »

Veiller peut être aussi interprété sur le fondement des écritures comme être sobre(1Thes. 5.6), attentif à la voix de l'Esprit (marcher selon l'Esprit), aux signes des derniers temps, répondre à l'appel du Saint-Esprit pour rencontrer Dieu dans le lieu secret, sacrifier le temps pour entrer en la présence du Seigneur, prier sans cesse (1 Thessaloniciens 5.17), chercher les révélations (Jérémie33.3), veiller sur l'état de son cœur, veillez sur le troupeau de Dieu(pour les bergers), veiller à ne pas manquer d'amour (aimez-vous les uns les autres), à observer ce qui est droit et pratiquer ce qui est juste (Esaïe 56. 1). Veillez à étudier et méditer les écritures, veillez à pratiquer le bien et à aimer votre prochain etc.

Jésus dit à ses disciples :*« …Mon âme est triste jusqu 'à la mort ; restez ici, et veillez avec moi(Jésus)… »* Matthieu 26. 38

Veillez avec Jésus à Gesthémané. C'est dans un moment crucial que Jésus demande à ses disciples de veiller dans la prière, car c'était le mauvais temps, le temps accordé aux puissances des ténèbres par la prescience de Dieu afin d'accomplir le plan de rédemption de l'humanité. Dieu le Père s'est servi de son ennemi de toujours pour accomplir son plan de rédemption afin de racheter l'homme déchu, par le sacrifice de son Fils unique à la croix.

Dans la marche chrétienne, vous connaîtrez aussi votre Gesthémané et vous aurez votre coupe de douleur à boire : Watchman Nee l'a bue (il est mort en prison pour la cause de l'Évangile), Paul l'a bue (il a été battue de verges, laissé pour mort, emprisonné, a fait naufrage…), Jacques a été décapité par Hérode, Etienne lapidé, Pierre est mort en martyr. En Asie certaines familles chrétiennes ont payé de leur vie leur engagement à suivre Jésus ; certaines femmes ont perdu des foyers ou ont été brûlées, des enfants chassés de leur famille pour avoir trahi l'islam ou le bouddhisme, des maisons brûlées. Dans l'actualité, aujourd'hui encore, les chrétiens dans certaines nations payent de leur vie, ils sont massacrés. Si nous ne veillons pas, nous ne pourrions pas achever la course avec succès. Il y a un passage obligé dans la marche chrétienne :Il nous faut passer par Gethsémané, par les fausses accusations lorsqu'on accepte Christ et on prend la décision de se détourner du monde . Tout comme le monde a haï Jésus, le monde nous hait (Jean 15.18à 25.) Il nous faut aussi porter notre croix chaque jour. Le maître nous a laissé un avertissement *: « Et quiconque ne porte pas sa croix, et ne me suit pas,ne peut être mon disciple »* (**Luc 14.27**).Vous aurez des tribulations dans le monde, la bonne nouvelle! Prenez courage Jésus a vaincu le monde (Jean 16.33). Pourquoi cette recommandation et cet appel à veiller !

La communion avec le Seigneur, par la méditation de sa parole et la prière, vous aidera à supporter les souffrances inhérentes à votre engagement à le suivre et le servir. Les louanges et cantiques à Dieu vous connectent avec le ciel, louez-le en tout temps, même si Judas Iscariote est dans votre entourage. Votre propre chair est également l'ennemi en vous, elle s'oppose aux desseins de Dieu, à l'œuvre de l'Esprit pour ses désirs égoïstes. Votre chair, compagnon de tous les jours est votre ami-ennemi crucifiez-le. Mais ayez les regards sur la rétribution, la récompense éternelle. Si vous vous soumettez au Saint-Esprit, ce qui est de votre part salutaire, vous serez traduits devant les tribunaux des religieux, parce que vous ne suivrez pas les rites religieux ou les doctrines élaborées par les hommes, contraires à la parole de Dieu. Certains écrits dans certaines églises ont remplacé la Bible, pourtant le seul fondement de notre foi. Vous connaîtrez la tribulation, la persécution, mais acceptez de porter votre croix et de suivre le maître.

La foule qui est dans la maison de Dieu (je ne parle pas de vrais disciples du Seigneur) et les religieux vous condamneront, vous jugeront peut être, cependant en vous, c'est le Saint-Esprit qui sera à l'œuvre. Ainsi marchez selon l'Esprit et vous n'accomplirez pas les œuvres de la chair (Galates 4.16) ni la volonté des hommes. Ne cherchez pas à vous venger devant les injustices, pardonnez les offenses et remettez entre les mains du Seigneur ceux qui vous persécutent et haïssent.

Mourir avec Christ à la croix, c'est crucifier la chair, c'est douloureux, mais salutaire. Cela fait mal lorsque notre chair ne trouve plus son confort. Se taire sur ordre du Saint-Esprit alors qu'on a envie de rétorquer fait mal, la chair en souffre. Cependant si vous obéissez à l'Esprit, vous serez heureux et bénis. C'est par amour que le Seigneur nous demande de veiller avec Lui. Jésus a demandé aux apôtres de veiller parce qu'il savait ce qui devrait arriver. Mais à Gethsémané, les apôtres de Jésus s'étaient assoupis. Les disciples étaient tristes en entendant les paroles de Jésus (Jean16. 6). Jésus est venu sur la terre, a marché trente-trois ans, dont trois ans de ministère, pour accomplir ce que les prophètes avaient annoncé (Esaïe).

Ce cri de veiller avec lui dans la prière résonne encore aujourd'hui et s'adresse à tous ceux qui ont cru en son nom «*…Priez afin que vous ne tombiez pas en tentation* » Luc 22. 40. L'appel à la prière est pour notre bien : « afin de ne pas tomber…» Les circonstances étaient mauvaises, c'était l'incertitude . Celui qu'ils avaient suivi pendant trois ans, leur maître allait être livré. Ce n'était plus le moment des prodiges et des guérisons miraculeuses, de la manifestation de la puissance de Dieu par plusieurs signes et miracles. L'homme qui a multiplié les pains et les poissons, défié la nature, ressuscité les morts, guéri les malades, marché sur les eaux, allait être mis à mort. Jésus les quittait pour s'en retourner vers le Père et vers son Dieu. Que vont devenir ceux qui avaient tout quitté pour le suivre? A ce moment-là, aucun des apôtres ne s'est rappelé des paroles de Jésus: Il était avantageux qu'il s'en aille (Jean 16. 7) afin que le Saint-Esprit, l'autre consolateur vienne, l'Esprit de vérité. (Jean 16.13-14). La mission du Saint-Esprit ne pouvait commencer tant que Jésus était sur terre.

La recommandation est faite au peuple de Dieu, à tout disciple : *« Veillez. Votre adversaire, le diable, rode comme un lion rugissant, cherchant qui il dévorera »* 1 Pierre 5. 8. Pierre connaît les conséquences de ne pas veiller. Quand l'ennemi fait rage, quand nous traversons les épreuves et que les circonstances deviennent difficiles, dans les temps d'angoisse ou de frayeur, chassez l'esprit qui animait les disciples à Gethsémané, veillez dans la prière en la présence du Seigneur, en communiant avec Dieu, en restant au pied de Jésus, regardant à Jésus. Veillez chaque jour dans la prière et la méditation de la Parole. Le fait de veiller nous fortifie dans l'adversité, nous rend endurants dans la marche chrétienne, sur le chemin étroit et serré. Veillez, même lorsque vous devriez traverser des vallées obscures, surmonter des montagnes de problèmes. Veillez comme Daniel qui était fidèle et priait trois fois par jour ; priez sans cesse. Dieu fermera la gueule des lions comme il l'a fait pour Daniel. Si l'ennemi allume un feu, le Seigneur sera avec vous dans ce feu comme il a été avec les trois compagnons de Daniel, vous ne brûlerez pas; en revanche les œuvres de l'ennemi seront consumées. Dieu est omniprésent, il est à vos côtés. Veillez afin de remporter la victoire contre la tentation, contre l'ennemi de nos âmes. Pendant des années après ma nouvelle naissance, lorsque les épreuves faisaient rage dans ma vie ou lorsque l'ennemi s'acharnait contre moi, au lieu de veiller dans la prière, de crier à Dieu, je m'assoupissais et attendais le secours en m'apitoyant sur mon sort. Je pouvais écrire mon livre de lamentations, je murmurais, désirais en finir avec la vie pour échapper aux difficultés. Je cessais de chanter des cantiques de louange à Dieu, mes prières étaient des lamentations, je venais devant Dieu verser des larmes d'amertume. Je devenais carrément misérable. Je faisais sournoisement des reproches à mon Père céleste par l'attitude de mon cœur. En fait je me demandais pourquoi Dieu permettait ainsi que je passe par des moments difficiles, et laissait l'ennemi me toucher? Cette pensée m'éloignait de Dieu, et une colère silencieuse animait mon âme. Lorsque Dieu m'avait bénie, je louais et servais le Seigneur avec joie, mais dès que survenait une circonstance mauvaise, un problème ! mon cœur changeait d'attitude vis-à-vis de Dieu. Je cessais d' adorer. Je venais dans l'assemblée assister les autres et passer un peu de temps, avant de retrouver le monde à l'extérieur de l'église et mes problèmes que je ressassais constamment. J'étais restée bébé spirituel, refusant de grandir.

Un jour, le pasteur me dit « Je ne te comprends pas ma sœur, tu fais le contraire des autres, lorsque tu as des problèmes tu ne pries plus!…Tu pries et sers Dieu seulement quand tout va bien…Il faut persévérer dans la prière dans les moments difficiles. » J'aimais prier Dieu seulement quand tout allait bien. Dès que j'étais confrontée à une situation qui me faisait perdre mon confort, je me lamentais, je pleurais. L'ennemi me criblait pour avoir choisi de suivre le Seigneur, et je ne comprenais pas cela. Certains problèmes sont permis par Dieu pour passer à l 'école du brisement. Je ne comprenais pas l'école de Dieu, l'école des épreuves de la foi qui permet de grandir et de changer au travers des situations difficiles. Ce manque de communion avec Dieu et mes attitudes négatives me rendaient odieuse, et mon cœur ressassait des choses qui me faisaient peur à moi-même. La grâce que me fit le Seigneur? Sa bonté et sa miséricorde. Dieu demeure fidèle et attend patiemment le bon moment pour nous enseigner les raisons de son silence, la nécessité de passer des tests de foi. Le Seigneur me révélait quelque fois par un songe comment était l'état de mon âme, et je n'aimais pas ce que je voyais. Je me repentais et tombais dans les mêmes péchés. Dans tout cela je vivais dans un état de peur, j'avais ouvert la porte à l'esprit de peur. Une nuit, en Afrique en 2005, le Seigneur m'a ouvert les yeux (spirituels) pendant que je dormais, pour voir un démon guerrier qui se trouvait juste devant le lit avec un sabre à la main, j'eus très peur et me réveillais en sursaut. C'était la première fois que je voyais un démon, celui-là était un guerrier, il avait l'aspect des personnages guerriers des jeux vidéo ou des dessins animés japonais. Je crois que si Dieu nous ouvrait les yeux pour voir les démons qui sont envoyés contre nous ou que nous avions l'habitude de lier et chasser, très peu de gens passeront leur temps à parler d'eux ; beaucoup n'auront pas le courage de les chasser, ils seront tétanisés par la peur de voir des êtres si hideux. Au lieu de prier et de chasser ce démon, je m'enfuyais de ma chambre, et me demandais toute tremblante d'où pouvait-il provenir? Le fait de ne pas veiller dans la prière me poussait également dans des combats charnels avec mes armes charnelles. Je ne veillais pas dans la prière avec le Seigneur pour être fortifiée dans les combats de la foi, et souvent je perdais la bataille lors des attaques. J'ai souvent eu des attaques et des marques visibles sur mon corps en me réveillant. En février 2006, j'avais choisi d'aller passer les vacances d'hiver au Congo, les enfants et moi étions encore très nostalgiques, on venait d' emménager en France. Une nuit, j'ai été mordue au dos sans rien ressentir dans mon sommeil, et pourtant le matin, au moment du bain, devant le miroir, me retournant je voyais des traces visibles de blessures au dos. Pour être sûre que je ne rêvais pas, je les ai montrées à ma mère et ma belle sœur, toutes deux en séjour chez nous. Heureusement cette fois-là, j'avais été enseignée à exercer mes mains au combat et mes doigts à la bataille dans mon église locale actuelle (Psaume144.1) et à prendre autorité sur l'ennemi. J'ai prié et oint les blessures avec l'huile d'onction sans rien craindre. Trois jours plus tard les blessures se sont cicatrisées. La foi sans les œuvres est morte (lire Jacques 2. 14 à 26), et donc le fait d'avoir peur des assauts de l'ennemi, au lieu de faire confiance à Dieu en toutes circonstances, m'avait fait perdre mon bouclier (Éphésiens 6.16). La peur ouvre la brèche à l'ennemi et invite toutes sortes d'esprits mauvais qui viennent s'engouffrer dans notre nature charnelle par l'angoisse, l'inquiétude etc.

Les conséquences de la désobéissance à cette recommandation du Seigneur de veiller, peut nous faire tomber dans le péché, ou faire oublier la parole de Dieu qui nous parle des signes des temps de la fin. La Bible nous avertit que dans les temps de la fin, la foi sera rudement éprouvée, même les élus pourraient être séduits! (Matthieu 24.24). Les enfants de Dieu pourront être séduits par les miracles diaboliques(le diable peut aussi faire ses miracles), par la recherche de la célébrité et la reconnaissance mondaine.

Lorsque tout va mal dans le monde, nous devrions veiller dans la prière afin de ne pas tomber dans la panique générale. Les choses vont en s'empirant. Chaque semaine il est fait mention dans la presse des adolescents et même des enfants qui tuent d'autres enfants, des suicides sur les rails du métro ou au passage des trains. Au moment où j'écris ces lignes, il est question dans les médias de la crise économique dans le monde. En Europe la plupart des pays ont perdu leur note excellente de bons élèves, et se retrouvent au niveau inférieur quant à leur capacité de rembourser leurs dettes. Il faudrait à ces États des mesures d'austérité et de récession, toujours impopulaires pour relancer la croissance et la compétitivité pour tenter de revenir au niveau de « la première division » selon l'expression que j'emprunte à un commentateur d'une radio française. Ce journaliste comparait ces États à des clubs de football de première division lesquels en régressant sont classés en deuxième division. Mais que dire des pays du Sud? Et si la situation du monde allait en s'empirant? Que devrions-nous faire, puisque nous sommes affectés par la crise qui frappe le monde? Allons-nous regarder aux circonstances ou faire confiance en la parole de Dieu? Devrions nous céder à l'inquiétude générale ou garder la paix en toutes circonstances, en se remettant à Celui qui donne la manne dans le désert, qui fait sortir l'eau du rocher! La parole de Dieu prend tout son sens dans une telle période. Dieu n'abandonne pas ceux qui sèment dans son royaume, dans la banque céleste, ceux qui épargnent dans la banque la plus sûre, là où les voleurs ne peuvent percer, laquelle ne connaît ni faillite, ni problème de trésorerie. Si l'argent est votre maître, vous vous inquiéterez outre mesure. *« Car là où est ton trésor, là aussi sera ton cœur »* Matthieu 6. 21.

C'est ici que la parole du Seigneur va éprouver les enfants de Dieu au quotidien. Les lois économiques de Dieu et les lois de finances des cieux sont éternelles et si nous gardons la parole de Dieu dans notre cœur, nous pourrions vivre au milieu de la famine. Dieu peut faire de chacun de nous des Joseph, nous donner la sagesse et l'intelligence de bien gérer nos finances et nos affaires, de nous conduire dans des dépenses utiles, de semer dans des activités productives. Je pense que le Seigneur a le pouvoir de préserver ses enfants qui veillent de la tentation d'adorer dieu Mammon.

Par ailleurs, si nous ne veillons pas face à ces signes des temps de la fin, si nous menons notre vie sans se préoccuper du retour du Seigneur, nous sommes comme les cinq vierges folles. Ces vierges folles ne veillent pas. A cause de la désobéissance, l'Esprit n'agit plus. Elles sont négligentes et ne se préoccupent que des choses vaines, secondaires, plus que des choses du royaume.

« Vous n'avez donc pu veiller une heure avec moi! » (Matthieu 26.40)
Les paroles du Seigneur révèlent le chagrin de son cœur : ses disciples dormaient au lieu d'être en prière.

Quel constat! Le moral des troupes était au plus bas? L'armée visible de Dieu n'était pas prête, elle n'était pas encore équipée, le maître a veillé seul, les disciples dormaient.

L'épouse du Seigneur dort-elle? Ou veille-t-elle? La parabole des dix vierges est caractéristique de l'état spirituel des enfants de Dieu. Les vierges sages veillent, leur cœur veille (lire Cantique des Cantiques 5. 2) tandis que les vierges folles sont négligentes, distraites, imprudentes. Nous aimerions tous être parmi les vierges sages au retour du Seigneur n'est-ce pas? Mais que dit la parole. *« Alors le royaume des cieux sera semblable à dix vierges qui ayant pris leur lampes, allèrent à la rencontre de l'époux. Cinq d'entre elle étaient folles, et cinq sages »*Matthieu 25.1-2.

Lorsque nous venons au Seigneur en ouvrant notre cœur et l'acceptant comme sauveur, maître et Seigneur, croyant en la parole de Dieu, c'est ainsi que commence notre nouvelle naissance, notre marche chrétienne, la marche vers le royaume à la rencontre de notre Dieu. Quand un enfant naît, il doit grandir et devenir plus tard un adulte; nous passerons donc par des étapes et des expériences sur la voie de l'éternité. La nouvelle naissance est une étape importante, mais cela ne s'arrête pas là. Nous avons besoin d'être nourris par la parole pour grandir, d'abord du lait (spirituel et pur) facile à digérer pour les nouveau-nés, ensuite des aliments mixés. Les légumes sont bons pour la santé, mais ne sont toujours pas d'un goût agréable, les nourrissons et les enfants grimacent pour les manger. Puis à une certaine croissance, nous commençons à manger de la nourriture solide. Celle-ci nous permet de faire face aux épreuves de notre foi.

Toutes les personnes ayant reçu Jésus Christ comme Sauveur et Seigneur sont considérées commes des « vierges ». Les " dix vierges"sont deux catégories de chrétiens qui marchent vers le Royaume.

Les dix vierges ont reçu le Saint-Esprit ; elles ont foi en Dieu et en sa Parole, *« la foi vient de ce qu'on entend, ce qu'on entend vient de la parole de Dieu»* Romains 10.17. Les sages veillent. Dans la marche chrétienne nous prenons nos lampes pour voir le chemin sur lequel nous marchons. *« Ta parole est une lampe à mes pieds, et une lumière sur mon sentier. »* Psaume119. 105. Toutes les dix vierges avaient leurs lampes, elles avaient reçu la parole de Dieu dans leur cœur. Cependant les folles ne prirent pas d'huile dans les vases. L'huile représente le Saint-Esprit, et les vases ne sont autres que nos corps, temple du Saint-Esprit. Est-ce dire que les folles n'avaient pas reçu le Saint-Esprit quand ils crurent? Le Saint-Esprit habite au dedans de tout croyant qui a reçu Jésus Christ comme sauveur et Seigneur. Mais pourquoi donc les lampes des cinq vierges folles s'éteignent-elles? La Bible nous dit que les cinq vierges folles ne prirent pas d'huile avec elle, lorsqu'elles partirent à la rencontre de l'époux. Le Saint-Esprit n'agissait plus en elles. Les vierges folles n'écoutaient pas le Saint-Esprit, elles l'avaient complètement ignoré, elles refusaient d'entendre sa douce voix, ou ses avertissements. Le Saint-Esprit vivant à l'intérieur du Chrétien, au lieu de se retirer comme dans le cas de Saul, le premier roi d'Israël (l'Esprit était sur lui et non en lui) n'œuvre plus. Les vierges folles marchent par la chair et non par l'Esprit, et ne sont pas préparées pour rencontrer l'époux. Les vierges folles savent, par les écritures que l'époux viendra. Cependant, elles ne se préparent pas, et seront surprises, car il viendra comme un voleur au moment où on ne s'y attend pas. Comme personne ne sait ni le jour ni l'heure, toutes les vierges se sont endormies. Puis « au milieu de la nuit, on cria : Voici l'époux. *Les dix vierges se réveillèrent et préparèrent leurs lampes* (Matthieu 25.7), *les sages avaient de l'huile en réserve. »*
De même les écritures disent qu'à un signal donné, à la voix d'un archange, la trompette sonnera (lire1 Thessaloniciens 4.16). Si nous manquons d'huile, nous ne serons pas prêts quand la trompette sonnera. C'est la voix du Saint-Esprit qui va sonner la trompette en nous. Seules les vierges sages reconnaîtront la voix de l'Esprit au moment où la trompette sonnera. Celles qui ne sont pas conduites par l'Esprit ne seront pas prêtes. *« Celles qui étaient prêtent entrèrent avec Lui dans la salle des noces, et la porte fut fermée. »* Matthieu 25.10

Le Seigneur viendra chercher une épouse qui s'est préparée, des vierges sages. *« Veillez donc puisque vous ne savez ni le jour, ni l'heure.»* (Mathieu25. 13)
Les apôtres de Jésus étaient tristes et découragés, au lieu de veiller, ils se sont assoupis. Or, *« Si tu faiblis au jour de la détresse, ta force n'est que détresse »* (Proverbes 24.10). Le maître allait être livré, donc le berger frappé, et les brebis dispersées. Aucun des apôtres n'a veillé, ni Pierre l'audacieux et le fougueux, ni Jean le plus jeune, le disciple que Jésus aimait (Jean 21. 20), ni Jacques, les trois apôtres

les plus proches. N'est-ce pas ces trois apôtres que Jésus a pris à part ? Tandis que les autres devaient rester à une certaine distance? Dans les moments d'épreuves, nous avons besoin de partenaires de prières proches qui nous soutiennent et veillent avec nous. Jésus a veillé et prié seul, sans aucun soutien. Il était triste, angoissé et seul, alors qu'il s'était entouré de Pierre, Jean et Jacques. La recommandation de Jésus à ses apôtres, était pour leur propre bien, afin de ne pas tomber dans la tentation. Ceux-ci étaient tant spirituellement que physiquement en danger. Le moral des disciples était au plus bas, celui qu'ils avaient suivi depuis trois ans, en ayant tout abandonné, était dans un moment critique, et leur avait dit qu'ils ne le verront plus physiquement. Les disciples de Jésus était émotionnellement très éprouvés, le cœur abattu, leur avenir incertain, malgré les promesses du maître. Or, s'ils avaient veillé, l'Esprit qui avait fortifié Jésus les aurait fortifiés certainement. Pierre n'aurait pas fait usage de son épée pour défendre son maître, ni renié Jésus trois fois cette nuit-là. Mais, il fallait que l'écriture s'accomplisse leur a dit Jésus « ... ***Je frapperai le berger, et les brebis du troupeau seront dispersées*** » Matthieu 26. 31 est l'accomplissement de la prophétie de Zacharie 13. 7. Le Seigneur cherche toujours des disciples pour veiller avec lui dans la prière, afin de leur donner des révélations, de communier avec eux, de les bénir et leur confier des missions, car le temps presse, et il revient bientôt.

Chapitre 2 Je frappe à la porte

Apocalypse 3.20.
La porte est un lieu de passage qui permet d'entrer ou de sortir, d'une maison, d'une ville. A Paris, avant d'arriver sur le boulevard périphérique, il y a plusieurs portes. A Jérusalem, pendant le voyage en Israël, notre groupe se donnait souvent rendez- vous à la porte de Jaffa après le shopping ou pour aller visiter Jérusalem Ville Nouvelle. Notre cœur a aussi une porte par laquelle beaucoup de choses peuvent entrer et sortir. Celui qui gagne un cœur en est le maître. Jésus désire gagner notre cœur entièrement à lui, Il est notre Seigneur et Roi.

Le Seigneur frappe à la porte de notre cœur pour entrer dans notre vie. Lorsque nous répondons à cet appel, c'est la rencontre avec Christ personnellement. Celle -ci nous fait naître de nouveau, notre esprit mort est régénéré et connecté avec l'Esprit de Dieu. C'est l'enfantement par le Saint-Esprit, lorsque nous croyions en l'œuvre accomplie par Christ à la croix et nous le recevons dans notre cœur comme notre sauveur et Seigneur personnel.

La nouvelle naissance est la première étape, la rédemption par le sang de Jésus, la réconciliation avec Dieu par Jésus-Christ. C'est la meilleure décision qu'un homme ou une femme puisse prendre: le salut de l'âme. L'homme qui continue sa vie sans se préoccuper de son âme, est selon la parole de Dieu, mort quoique vivant physiquement. L'âme ne meurt pas, et lorsqu' une personne n'est pas sauvée, et que la mort la surprenne dans cet état, c'est une tragédie.

Lorsqu'on écrit sur la tombe d'une personne décédée n'ayant pas fait la paix avec Dieu, par ses bien-aimés parents ou amis « Que ton âme se repose en paix », c'est une ignorance de l'état véritable de cette âme. Une personne qui n'a pas préparé sa vie après la mort, ne peut être sauvée par les mots empreints d'affection de ceux qui sont encore vivants. Un jour, quelques temps seulement après ma nouvelle naissance, j'ai pris part à un repas agape organisé par la sœur qui m'a conduite à Christ. Elle avait également invité une quinzaine de personnes et un pasteur qui nous a exhortés avant le repas. La phrase que j'ai retenue ce soir-là et qui a rempli mes pensées les jours suivants, était : « Pensez-vous que l'âme d'un voleur puisse reposer en paix? » C'est impossible s'il ne s'est pas détourné du mauvais chemin pour se tourner vers Dieu. C'est lorsque nous sommes encore vivants, que nous devrions personnellement accepter de donner notre vie à Jésus. La mission de Jésus sur la terre était de sauver l'humanité en venant mourir sur la croix. *« Car le châtiment qui nous donne la paix (avec Dieu) est tombé sur lui...»* Esaïe 53.Ainsi quand Jésus frappe à la porte, il attend que le propriétaire ouvre. Comment savoir que Jésus frappe à la porte de notre cœur et veut nous sortir des ténèbres pour nous introduire et nous conduire dans son admirable lumière?

Lorsqu'on vous donne un exemplaire du Nouveau Testament dans votre chambre d'étudiant au campus. Dans ma chambre universitaire à Orléans, j'avais un exemplaire du Nouveau Testament, et de temps en temps je lisais les quatre évangiles ainsi que les lettres de Paul à Timothée. Je pensais que Paul et Timothée avaient une filiation charnelle. Je concluais qu'il s'agissait des conseils d'un père à son fils. C'est seulement après ma conversion que j'ai su qu'il s'agissait de son enfant dans la foi. Quand quelqu'un vient vous parler de Jésus et vous dire que vous avez besoin de salut, de faire la paix avec Dieu, c'est Jésus qui frappe à votre porte.
Comment savoir que Jésus frappe à la porte d'un cœur ?

Lorsque votre meilleur ami ne vous accompagne plus dans vos virées préférant aller à l'église écouter la parole de Dieu;

Lorsque vous êtes miraculeusement guéri au cours d'une campagne d'évangélisation, alors que vous êtes venu en spectateur ou avez reçu une invitation d'un proche;
Lorsqu'une personne inconnue dans la rue vous tend un prospectus d'une campagne d'évangélisation dans votre ville;

Au moment où je saisis ce paragraphe, je suis attristée par une mauvaise nouvelle qui m'a été donnée hier en sortant de la réunion de prière, j'étais bouleversée. Une sœur que je connaissais depuis des années est décédée dans des conditions tragiques. Elle était apparemment en bonne santé, et rien ne pouvait laisser penser qu'il lui restait que peu de temps à vivre. Je l'avais vu pour la dernière fois deux semaines avant qu'on me parle de son décès. Quelques jours avant de recevoir cette nouvelle, je pensais à elle. Elle était plus jeune que moi et n'avait donc pas atteint cinquante ans. Sa vie sur terre a été très courte. L'éternité commence pour elle par rapport au choix qu'elle a fait de son vivant.

Si vous ouvrez la porte de votre cœur à Jésus, il liera et chassera l'homme fort qui a dirigé votre vie depuis toujours. Le sacrifice de Jésus à la croix est pour nous délivrer de l'esclavage du péché, pour le pardon des péchés, donc le salut et la vie éternelle. La nouvelle naissance, c'est l'enfantement par le Saint-Esprit d'une nouvelle créature, notre esprit est régénéré par le Saint-Esprit, en croyant en l'œuvre accomplie par Jésus à la croix pour notre rachat. Nous l'acceptons comme Sauveur et Seigneur. Le Saint-Esprit vient alors habiter en nous, nous passons de la mort à la vie.

De la religion à ma rencontre personnelle avec Christ
Dans mon enfance, j'allais à l'Église catholique, je fréquentais la mission catholique de ma petite ville natale. J'ai été baptisée à l'âge de 7 ans, et l'année suivante j'ai fait ma confirmation. Je n'ai pas fait d'autres sacrements à cause d'un déménagement dans une autre localité au nord du pays. Puis il y a eu une période de coupure totale, je ne remettais mes pieds à l'église qu'à Noël et Pâques. Au lycée et à l'université, j'avais arrêté de pratiquer ma religion. A la fin de mes études, je suis repartie dans

mon pays pour un voyage qui devait durer deux semaines, car j'avais des projets professionnels en France, mais je ne suis pas revenue. J'avais demandé une permission d'absence pour mon fils qui était en grande section de maternelle, j' ai dû l'inscrire sur place; je me suis orientée dans le barreau et me suis installée à Pointe-Noire. Une autre vie venait de commencer : le mariage, le foyer conjugal, les stages dans un cabinet et les audiences avec les maîtres de stage au Palais de justice. C'est là que j'ai repris le chemin de la messe, de temps en temps le samedi soir. Je rentrais chez moi en chantonnant les cantiques écoutés à la messe, et même le dimanche je continuais à chanter en vaquant à mes occupations. La louange me rendait heureuse.
Je ne savais pas que Dieu était au contrôle de ma vie depuis le premier jour. Je ne connaissais pas Dieu, Il était trop lointain pour penser qu'il m'était accessible. Je savais que Dieu existe, mais j'étais si loin de lui.

C'est là-bas, dans mon pays, à Pointe - Noire que quelques années plus tard, dans les moments très sombres de ma vie, alors que rien ne marchait, j'ai rencontré Jésus-Christ, ou plutôt, il s'est manifesté dans ma vie. Il a frappé à la porte de mon cœur, et j'ai ouvert la porte pour le laisser entrer. Alors que je faisais secrètement des projets dans mon cœur pour retourner en France, certaines circonstances m'ont en empêchée. Dieu avait certainement tout orchestré pour me maintenir là. Pendant ces années de retour au pays, je n'avais plus aucun contrôle sur ma vie, les évènements m'échappaient, je n'étais plus actrice, mais spectatrice de ma propre vie. Oui! ce Dieu inconnu que j'ai invoqué à l'âge de huit ans, agenouillée sur le sable fin brûlant dans mon district natal (lire cette histoire dans mon livre témoignage Jésus Le Grand Médecin), est resté silencieux près de vingt-cinq années, un quart de siècle ! et se révèle à mon cœur dans la trentaine : mon orgueil était brisé, mes genoux ont fléchi devant Jésus et je lui ai confessé mes péchés : « Pardonne-moi Seigneur » tels étaient les premiers mots prononcés, en pleurant, quand j'ai rencontré Jésus-Christ. Je n'ai pas aussitôt fait la prière solennelle du salut après un appel à « Qui veut donner sa vie à Jésus ?». J'étais confrontée à sa divine présence, et mes genoux ont fléchi, mon cœur a cru en Lui, ma langue a confessé son nom, et le Saint-Esprit est venu dans mon cœur. La sœur que tous nous appelons "maman" Gisèle envoyée en mission par le Seigneur dans ma maison (je ne savais pas qu'elle avait reçu une mission de la part de Dieu, de séjourner chez moi, afin de me parler de la bonne nouvelle, je ne le savais pas à ce moment-là), était spectatrice du miracle qui se produisait devant ses yeux et s'était mise à louer et à adorer Dieu de ce qu'une âme venait d'être sauvée. Puis par cette même sœur, le Seigneur me donna ce passage de la Bible qui était une alliance qu'il faisait avec moi, Esaïe 54. 8 à 10 et 13 à 17. Les premières années de marche chrétienne, Je méditais souvent ce passage. Lorsque j'étais confuse, découragée, meurtrie, je relisais ce passage et cela me réconfortait, je me souvenais de l'alliance et de l'amour de Dieu, de ses promesses.

C'est-ce qui m'est arrivé : j'avais besoin que ma vie soit prise en charge par Dieu. Ce qui m'est arrivé! C'est le plan de Dieu pour chaque être humain. Dieu ne nous a pas placés sur cette terre par hasard, il a un plan, une vision qui s'inscrit dans l'éternité. Après des années d'errance, je commence à saisir petit à petit la volonté et le plan de Dieu. Ma vie a un sens: faire la volonté de Dieu pour accomplir ma destinée divine, accomplir les désirs de Dieu chaque jour sur terre.

Une fois nés de nouveau, nos besoins et désirs changent, notre esprit régénéré est en connexion avec Dieu par son Esprit. L'une des choses que j'avais remarquée après que j'aie donné ma vie à Jésus, en Afrique, je n'avais plus aucune envie d'aller dans les boites de nuit. Lorsqu'on m'invitait à aller danser, je parlais tout bas: « Jésus n'a pas envie d'aller en boite de nuit ». Je parlais à Jésus lui répétant « Seigneur tu ne peux pas aller en boite de nuit! ». Je pouvais accompagner mon époux dans des sorties, quand cela nécessitait ma présence en ma qualité d'épouse, sans que mon cœur y prenne un réel plaisir ou s'attache à ce mode de vie mondaine. Quant à aller dans les boites de nuit, j'avais pris la résolution de ne plus y mettre les pieds. Je faisais cette prière au Seigneur: « Qu'on ne m'emmène plus dans des boites de nuit! » Le Seigneur m'avait également fait la grâce de pardonner, car j'étais très rancunière, même si cela ne se lisait pas, c'est dans mon cœur que tout se passait. J'étais également très orgueilleuse, insoumise au mari dans mon cœur, je murmurais beaucoup et regrettais souvent ma vie estudiantine. Mais quand j'ai rencontré Christ et j'ai commencé à être nourrie du lait spirituel pur, mes oreilles ne supportaient plus d'entendre des propos et plaisanteries vains et immoraux. Je bouchais alors mes oreilles à tout ce qui était susceptible de nuire à mon âme et à ma communion avec Dieu, que ça soit dans le milieu professionnel ou dans le cadre familial. Avant ma conversion, je m'habillais en suivant la mode comme tout le monde, mettant mon corps en valeur; je portais des robes et jupes au-dessus de mes genoux et cela ne me dérangeait pas du tout. Au contraire, j'étais flattée lorsque les gens admiraient mes jambes (les filles de ma famille, y compris certains garçons, ont hérité des jambes de notre père, des jambes qui attiraient les regards des gens. Pour nous, les filles c'était « une arme de séduction »). Après avoir connu le Seigneur dans la trentaine, j'ai continué à m'habiller de façon séduisante; je ne pensais pas que Dieu puisse s'intéresser à l'aspect extérieur, à l'habillement. Plusieurs fois le Seigneur a attiré mon attention par les exhortations de la sœur Gisèle d'abord. Un jour après la prière dans sa maison, cette dernière m'interpella: « Sylvie, le Seigneur dit que tu es une africaine, pourquoi t'habilles-tu toujours comme une européenne et non à l'africaine? » Je la regardais d'un air hautain sans répondre, mais je ronchonnais dans mon cœur « quel est-ce Dieu-là qui s'intéresse même à l'habillement? (L'habillement en pagne, à l'africaine couvre le corps décemment.) Une année et demie plus tard, Dieu revint à la charge par le Pasteur de notre assemblée, mais c'était trop me demander. Je ne voulais pas confier à Dieu mon habillement, je voulais continuer à gérer ce domaine, ainsi que tant d'autres d'ailleurs, j'étais encore très charnelle. Dans mon adolescence, entre 14 et 17 ans, je suivais la mode: j'aimais porter des bermudas, des pantalons serrés ou « pattes d'éléphant ». Quand c'était la mode des « dos nus », j'y mettais l'argent de poche qu'on me donnait dans l'achat des « dos nus » vendus à Monoprix dans le centre-ville (le groupe Monoprix a fermé ses magasins dans mon pays depuis trois décennies maintenant). Quand j'étais étudiante en France, pour préparer les fêtes et soirées étudiantes, quelquefois, je dépensais ma bourse pour acheter des chaussures et des vêtements griffés. Les étudiants africains de mon époque, au moment des fêtes, dépensaient la moitié de leur bourse dans l'habillement très classe. Je suivais la mode, et quand je suis née de nouveau, j'ai longtemps lutté avec Dieu avant d'accepter de revoir une partie de ma garde-robe. Je ne m'habillais pas toujours en tenue légère, mais cela m'arrivait de temps en temps. Un jour, j'arrive à la réunion de prière, par un temps d'après-midi très ensoleillé, il faisait très chaud à cette époque de l'année à Pointe-Noire, j'avais porté un chemisier sans manche et bien échancré, devant, avec une petite jupe. Le pasteur m'exhorta, avec beaucoup de tact (car j'étais très orgueilleuse encore et très susceptible) à chercher vraiment la face de Dieu concernant mon habillement. Dans la culture du pays, une femme mariée ou d'un certain âge doit s'habiller convenablement. J'avouais au pasteur mon incapacité à laisser Dieu gérer ce domaine, malgré mon désir de plaire à Dieu, je n'arrivais pas, je voulais continuer à m'habiller comme cela me plaisait, être séduisante. Il m'exhorta alors à jeûner et prier afin de demander l'aide de Dieu. Je décidai d'entrer dans un jeûne à ce sujet, je parlais au Seigneur et lui disais que je voulais obéir, mais j'en étais incapable, si Lui-même ne me venait pas en aide. Je regardais ma garde-robe et mes jolis tailleurs, toutes les jupes étaient au-dessus des genoux; je détestais avoir des tailleurs avec des jupes qui dépassaient de 20 ou 30 centimètres mes genoux. Je trouvais un tailleur seyant lorsque la jupe était comme celle des hôtesses de l'air. Un soir, on m'invita dîner dans un restaurant de la ville par des amis, je décidais de porter un joli tailleur beige en lin qui m'allait à merveille, la jupe était en haut des genoux. Devant le miroir de la salle de bain, je m'admirais avant de sortir, et je dis « Seigneur, ce tailleur n'est pas si court que ça, c'est tout juste un tout petit peu au-dessus des genoux, qu'est-ce que tu en penses? » Je n'attendis pas la réponse, je terminais de m'habiller, je sentais l'Esprit s'irriter au dedans de moi, mais je l'ignorais, me maquillais, sautais dans ma voiture et partais rejoindre mes amis. Cependant j'étais mal à l'aise dans mon cœur, je savais que j'avais offensé le Seigneur. Je ne comprenais pas ce qu'il y'avait de mal à porter un tailleur dont la jupe était juste un peu au-dessus des genoux! J'ai continué à lui dire Seigneur parle moi je veux comprendre. Un autre jour je fis cette autre prière « Seigneur donne-moi les yeux avec lesquels tu me vois, comment les gens me regardent lorsque je m'habille en robe, tailleur ou jupe courts. » Quelques temps après avoir fait cette prière, je revenais d'une audience au tribunal, je roulais sur la grande avenue du centre-ville, et au croisement d'un rond-point, j'aperçus une jeune fille qui avait porté une mini robe. En la voyant je détournais mon regard, car je la voyais comme si elle était nue et je pouvais imaginer tout son corps même la partie couverte. J'étais dégoûtée. Je m'entendais parler dans dans mon esprit :« Tu vois Sylvie, tu comprends maintenant comment les hommes te voient lorsque tu portes des vêtements courts ; ils regardent tes jambes! Ils s'imaginent également comment est ton corps et tu les fais tomber par la convoitise, leurs yeux ne s'arrêtent pas à tes jambes, ils vont bien au-delà... » . J'avoue que j'appréciais encore d' être complimentée par les gens lorsqu'ils ne cachaient pas leur admiration quand j'avais une toilette pimpante, je ne trouvais rien de mal à cela.

Un changement s'opéra alors dans mon cœur, je ne supportais plus les vêtements trop courts et je revis ma garde-robe. Je changeais ma façon de m'habiller, rallongeai mes robes et jupes. Je fis coudre également des tenues en pagne. Comme j'étais dans une assemblée où la plupart des membres n'avaient pas assez de moyens, pour aller à l'église, je m'adaptais en m'habillant modestement, je ne voulais pas paraître trop différente des autres. J'étais une autre personne quand je partais au palais de justice, et lorsque je rencontrais des sœurs de notre assemblée en ville, elles étaient surprises de voir une toute autre personne habillée chiquement. Je continuais également à m'habiller élégamment, mais décemment dans des sorties officielles. A l'église et pour des courses au marché j'avais adopté d'être sobre et simple au grand dam de mon entourage. Cela avait suscité beaucoup de critiques des personnes proches, soit ouvertement soit derrière mon dos. Cela m'importait peu (Dieu ne m'avait pas demandé de me négliger, mais de m'habiller correctement, de façon décente. Cependant je ne trouvais plus l'utilité d'être toujours pimpante, ce n'était plus important pour moi, je recherchais quelque chose d'autre que je n'avais pas encore trouvé; mon âme avait faim et soif de Dieu de le connaître plus intimement, j'étais si confuse que mon âme soupirait et recherchait quelque chose de précieux, alors le reste n'avait plus tellement d'importance).

Mes oreilles étaient ouvertes aux prédications à l'église et aux exhortations que nous recevions à la réunion hebdomadaire des femmes de notre assemblée à cette époque. J'étais dans la meilleure des écoles. Dieu avait commencé à me changer petit à petit, je pardonnais les offenses. Puis vinrent les épreuves de foi, et souvent je perdis la bataille car j'étais encore très charnelle, négative, plaintive, bâtie sur du sable et non fondée sur le roc. Une vie qui n'est pas bâtie sur la pratique de la parole de Dieu ne résiste pas à la tempête ni à un vent violent.

Heureusement les fondements de la foi ont, depuis que j'ai frôlé la mort en 2006, été rebâtis en Christ. Aujourd'hui je sais également qu'avoir connu toutes sortes d'afflictions m'a fait découvrir le plan de Dieu pour ma vie. Je ne pouvais pas comprendre l'appel de Dieu dans ma zone de confort. Dans mon cas, les épreuves m'ont ces dernières années fait connaître la volonté de Dieu. J'ai connu l'abandon de la manière la plus humiliante qu'il soit et la disgrâce, j'en ai beaucoup souffert, mais Dieu l'avait permis. Comme on peut lire dans Romains 8.28 : « ***Toutes choses concourent au bien de ceux qui aiment Dieu, de ceux qui sont appelés selon ses desseins.*** » Aujourd'hui Dieu m'a guérie, mon cœur qui était brisé est guéri, les plaies pansées et cicatrisées, mon âme est restaurée. Je peux, à partir de ma propre expérience soutenir les personnes au cœur brisé et leur montrer le chemin de la guérison. Jésus est le Grand Médecin des cœurs brisés, voilà ce qui pourrait être le titre d'un livre sur la guérison des blessures intérieures. Je peux comprendre une personne qui souffre et compâtir ou l'assister.

Avant que je donne ma vie à Jésus, j'étais arrivée à un point où je n'appréciais vraiment plus l'existence. J'attendais le soir qu'arrive le matin, et le matin qu'arrive le soir, la vie n'avait plus aucun attrait, mes rêves d'une vie d'adulte épanouie étaient brisés. Certains évènements ou drames, comme la perte d'êtres chers sont pour certaines personnes le moyen de venir à Christ. La perte de mon père avait créé un vide en moi, une partie de moi était comme morte aussi. Ma consolation était ma fille, née pendant une période de ma vie très chaotique. Elle est venue au monde sept ans après la naissance de mon premier fils. Le fait de les avoir me retenait à la vie. Quand j'ai connu Christ, j'avais de profondes blessures intérieures, ma vie chrétienne des débuts était chancelante.

Après la nouvelle naissance lorsque nous sommes sauvés, Jésus frappe à la porte de notre cœur pour avoir la communion intime quotidiennement avec nous, au travers de la prière et la méditation de la parole de Dieu. La prière est le moyen de nous approcher de Dieu, de lui parler et l'entendre nous parler.

Le Seigneur recherche l'intimité, désire communiquer et communier intimement avec nous, régner dans notre cœur. C'est dans la prière que nous le rencontrons ; la prière est un moment d'intimité avec Dieu, cœur à cœur, où on peut tout lui dire, ce qu'on n'oserait parfois pas dire aux autres de peur d'être incompris, jugé. C'est dans le secret de notre « chambre » qui est notre cœur. C'est souvent quand les fils des hommes sont endormis que le Seigneur se présente la plupart du temps pour nous demander de veiller quelques temps avec lui. Le Saint-Esprit réveille souvent les enfants de Dieu au moment favorable, mais le sommeil, ennemi de la prière, se braque et le corps réclame ses heures de repos. Dans ce terrible combat entre l'esprit et la chair, celle-ci semble d'abord l'emporter. On ignore les douces pressions de l'Esprit et on essaie coûte que coûte de s'endormir. Mais alors le sommeil ne vient plus, l'insomnie qui n'en est pas une, s'installe. Dieu peut enlever le sommeil pour vous inviter à le rencontrer. Puis l'Esprit commence à nous entraîner petit à petit par la repentance, la louange l'adoration, jusqu'à rentrer dans le saint des saints; et là on ne veut plus quitter ce lieu, une paix, une joie envahissent notre âme; le temps ne compte plus: louange, adoration en langues, contemplation, toujours conduit par l'Esprit, le temps ne compte plus. Tout notre être (esprit, âme, corps) est restauré. On garde dans le cœur au cours de la journée la parole lue. La journée commence avec Dieu. Dans les tâches de la journée, on continue à communier en silence dans le cœur.

Par la prière quotidienne, nous restons en communion avec Dieu. Le Seigneur frappe chaque jour à la porte de notre cœur pour des moments intimes. Dans ces moments-là, Dieu peut nous révéler des choses profondes, illuminer notre esprit pour comprendre sa parole, la rendre vivante et efficace lorsque nous la mettrons en pratique. Le Seigneur désire nous confier ses secrets, nous révéler son cœur.

J'ai sans cesse envie de louer son nom. Dieu est patient, et il s'est montré patient toutes ces années, et il est toujours patient, il utilise et se sert des épreuves, comme une école de la foi et de la croissance spirituelle. J'ai souvent échoué, et Dieu ne s'est pas lassé de m'enseigner. Je versais souvent des torrents de larmes et me lamentais devant Dieu pour qu'il me tire d'affaire. Mais si c'était la voie choisie pour me mouler, Dieu ne bougera pas jusqu'à ce que j'aie compris la leçon et décidé de lui faire confiance. Les mauvaises habitudes ne partiront pas tant que nous ne prenons pas la décision de changer nos pensées et les conformer à la parole de Dieu.

Dieu est bon et m'instruit chaque jour au travers de certains évènements et incidents; Il m'apprend à tirer des leçons de mes échecs, des erreurs, afin de rebondir et d'avancer. Par la puissance du Saint-Esprit, le Seigneur Dieu Tout Puissant me transforme, le Saint-Esprit œuvre dans mon cœur jour après jour. Je suis dans le laboratoire du potier, dans l'usine de raffinage. « Le temps presse » m'a dit Jésus au début du mois d'octobre 2010 juste avant de recevoir l'instruction de rédiger le manuscrit du livre « Les institutions et lois divines qui gouvernent les Chrétiens ». Toutes choses concourent au bien de ceux qui aiment Dieu, et mes épreuves ont contribué à me rapprocher de Dieu. Si je n'avais pas frôlé la mort en automne 2006, à cause d'une embolie pulmonaire bilatérale, si je n'avais pas connu trois années d'épreuves de maladie, je n'aurai pas connu Jéhovah-rophe (Jéhovah qui guérit, Il m'a guéri), Jehovah-shalom (Jéhovah est la paix, Il est ma paix). Ma relation avec Jésus s'est approfondie intimement lorsque j'ai connu diverses épreuves. Dieu l'avait permis et Il a transformé le mal en bien. A l'époque j'ai très mal vécu ce désert, mon cœur était brisé, mon âme malade à cause de l'amertume. Or ces épreuves dans ma vie, c'est l'école du Seigneur, passer des épreuves, des tests et remporter la victoire du bon combat de la foi. J'ai souvent échoué jusqu'à ce que j'aie compris que c'était le passage obligé (les épreuves) par lequel Père fait passer ses enfants pour les épurer, les mouler, les faire grandir et les rendre utiles à toute bonne œuvre. J'ai renoncé à moi-même, et à ce désir que j'avais de conduire ma vie à ma guise. J'ai reçu des talents, me préparant à l'œuvre du Seigneur, ça je l'ignorais. Une nuit pendant la prière, dans une totale adoration, j'ai dit : « Seigneur, je place mon diplôme de doctorat en droit sur ton autel ...et fais de moi ce que tu veux que je sois ». J'ai dû lutter encore pendant plusieurs jours, j'ai refait cette même prière les jours suivants. Il m'arrivait de reprendre ce diplôme que j'avais déjà placé sur l'autel de Dieu. Je suis juriste, et le Seigneur utilisera certainement mes connaissances et compétences en droit pour sa gloire. Le Seigneur travaillait déjà dans l'invisible et me retirait petit à petit de tout ce qui prenait la première place dans mon cœur. Je faisais partie de l'association des femmes juristes au sein de laquelle je m'épanouissais. Mais sans que je sache pourquoi, à une certaine époque, mon cœur n'y était plus attaché et je ne trouvais plus aucun désir de prendre part aux réunions ou de participer aux séminaires. En revanche, à cette même période mon cœur brûlait pour assister à la réunion hebdomadaire des femmes dans notre église. J'étais heureuse de prendre part aux diverses activités organisées par le « groupement des mamans » appellation donnée à notre groupement des femmes de l'assemblée. Là j'étais comme un poisson dans l'eau.

C'est avec humilité et crainte que j'accepte la volonté de Dieu et sa souveraineté dans ma vie. Je marche par la foi jour après jour. Je me soumets à la volonté de Dieu. Écrire pour faire connaître ce que Dieu m'inspire, fait partie de l'un des buts de ma vie. Je suis la première à être bénie, Dieu utilise mes propres écrits pour conformer ma vie à sa Parole. Je devrais refléter ce que j'écris tôt ou tard. Il est important de vivre une vie de repentance et croître spirituellement pour la gloire de Dieu. Nous devrions être des témoins efficaces pour Christ. J'apporte pour ma part une pierre à l'édifice par l'écriture et les conférences données sur les divers sujets traités dans mes livres.

Chapitre 4 La parole faite chair. Jean 1

La naissance miraculeuse de Jésus. Si nous essayons de comprendre les écritures avec notre intelligence, nous ne pourrions recevoir les choses de Dieu. La parole de Dieu est révélée au cœur par le renouvellement de l'intelligence, c'est l'œuvre merveilleuse du Saint Esprit. L' Esprit de Dieu est l'encyclopédie spirituelle qui nous livre le secret des écritures, Il aide à comprendre notre code pluridisciplinaire, qui est la Bible. Quand je lisais la Bible par curiosité intellectuelle et pour marquer une pause avec mes cours de droit lorsque j 'étais étudiante, je pensais vraiment que Paul était le père biologique de Thimothée! et je félicitais ce père qui donnait à son fils de bons conseils ,une conduite morale à observer. Je n'étais donc pas surprise de la réaction de Nicodème, docteur de la loi, s'exclamant « Comment un homme peut- il naître quand il est vieux ? Peut-il rentrer dans le sein de sa mère et naître ?Jean 3.4. La traduction de la Bible du Semeur dit dans Jean1.14 *« Celui qui est la parole est devenu homme et il a vécu parmi nous. »*

Dans une ville de Galilée appelée Nazareth, l'ange Gabriel est envoyé par Dieu auprès d'une jeune fille appelée Marie et lui annonce une nouvelle bouleversante.
Marie était fiancée à Joseph, un descendant de David. Marie était vierge; car elle n'avait point connu d'homme lorsque l'ange Gabriel s'est présenté à elle : *«Je te salue, toi à qui une grâce a été faite; le Seigneur est avec toi…Ne crains point, Marie; car tu as trouvé grâce devant Dieu. Et voici, tu deviendras enceinte, et tu enfanteras un fils, et tu lui donneras le nom de Jésus. Il sera grand et sera appelé Fils du Très Haut …Il règnera sur la maison de Jacob éternellement, et son règne n'aura pas de fin. Marie dit à l'ange: Comment cela se fera- t-il, puisque je ne connais point d'homme? L'ange lui répondit: Le Saint-Esprit viendra sur toi, et la puissance du Très- Haut te couvrira de son ombre. C'est pourquoi le saint enfant qui naîtra de toi sera appelé Fils de Dieu. »Luc1.28à 35.* On ne peut plus clair.

Marie a accepté de coopérer avec Dieu, malgré sa réputation qui allait être entachée; elle était fiancée à Joseph ; ils ne s'étaient pas encore mis ensemble, c'était son futur époux. Voilà que l'ange Gabriel lui apporte un message céleste troublant : porter le Fils du Dieu Très Haut. Dieu a choisi Marie, Dieu voit au cœur; Marie avait un cœur obéissant. C'était sa destinée, le plan de Dieu pour sa vie. Marie avait un cœur humble et aimant Dieu. Marie connaissait certainement cette prophétie d'Esaïe au chapitre7verset.14b *« …Voici une vierge deviendra enceinte, elle enfantera un fils, et elle lui donnera le nom d'Emmanuel.»* La prédiction faite par le prophète était accomplie.

Et elle (la Parole) a habité parmi nous pleine de grâce et de vérité. Rendons grâce à Dieu pour la grâce qui nous a été faite de connaître le Fils. Jésus est la parole devenue chair afin d'enseigner aux hommes la vérité. *« Je suis le chemin, la vérité et la vie »*

(Jean 14. 6). La vérité, c'est connaître Dieu et son Fils. Dieu s'est fait homme. Dieu s'est révélé aux hommes par son Fils unique. Jésus est l'agneau de Dieu qui ôte le péché; Il est celui qui baptise du Saint-Esprit.

Dieu est venu en chair par Jésus Christ son Fils unique, Emmanuel. Jésus Christ est venu sur terre mourir à la croix afin d'accomplir les prophéties sur Lui (passages de l'Ancien Testament parlant de sa venue sur terre dont Esaïe 7 précité et Esaïe 53). Cette parole nous a donné le pouvoir ou le privilège de devenir enfant de Dieu.

Un jour de décembre 2011, dans l'après-midi, j'étais dans le bus qui circule à l'intérieur de ma ville à partir de la gare; je me suis intéressée à une conversation entre une dame d'un certain âge et un homme dans la quarantaine. Les deux fréquentaient la même paroisse, d'après ce que j'avais pu saisir de leur conversation. L'homme parlait des quatre évangiles de la Bible. Il disait à la dame qu'il comprenait les évangiles de Matthieu et Marc; quant à l'évangile de Jean « cela relève trop du mysticisme » se plaignait-il. Cet homme étudiait les écritures mais n'avait pas la révélation par le Saint-Esprit. Seul l'Esprit nous donne la compréhension de la parole de Dieu. Il étudiait la parole de Dieu comme on étudie la philosophie. J'eus compassion dans mon cœur. L'évangile de Jean était hors de sa portée. Cependant, c'est lui qui convainquait la dame de son savoir, or il analysait la bible comme on analyserait une théorie de philosophie quelconque. Je me suis souvenue de mon propre cas, dans ma chambre universitaire à Orléans en 1984, je lisais le Nouveau Testament(le Petit livret bleu) je ne comprenais rien. Pour cet inconnu rencontré dans le bus, la nourriture était trop solide, il n'avait pas été nourri par le lait pur, la parole de base, les fondements de base. Seul un esprit régénéré par le Saint-Esprit peut comprendre la parole de Dieu. Les premières années de ma nouvelle naissance (j'ai donné ma vie à Christ en 1995), lorsque je ne comprenais rien au livre de la révélation, l'apocalypse, je m'irritais contre l'homme de Dieu qui avait organisé un séminaire sur ce thème, je lisais encore les écritures avec ma tête et non avec mon cœur, et j'eus compassion de cet homme, pensant à ma propre expérience. Celui-ci était déçu et dubitatif. Or, l'évangile de Jean révèle la personne du Fils venu en chair, l'amour du Père qui fait à l'humanité le don de son fils unique, la vraie adoration, la nouvelle naissance etc. J'eus le désir d'intervenir dans leur conversation, je n'étais pas poussée par l'Esprit à le faire. Cet homme n'avait pas la révélation. Il avait fait les cours de théologie, mais n'avait pas la révélation; il lisait la Bible intellectuellement, son esprit ne saisissait pas la vérité; il raisonnait. Selon lui: « Luc qui n'a pas été apôtre de Jésus, étant plutôt un ami de Paul, a fait des recherches pour écrire l'un des quatre évangiles, n'était pas structuré »

Or, la Bible dit que : « *...C'est poussés par le Saint-Esprit que les hommes saints ont parlé de la part de Dieu.* » 2 Pierre 1.21. Et que : « *Toute écriture est inspiré de Dieu, et utile pour enseigner, pour convaincre, pour corriger, pour instruire dans la justice* » 2 Timothée 3.16-17 . J'ai compris que la théologie seule n'apporte pas la lumière et la vérité dans notre cœur si l'Esprit de Dieu n'est pas au rendez-vous. Le Saint-Esprit est la lumière qui éclaire la parole de Dieu et aussi nos cœurs pour comprendre les écritures.

Le premier dimanche du mois d'avril 2012, à cause d'une forte angine, je n'avais pas pu me rendre à notre assemblée, j'assistais donc à un culte de l'église Porte Ouverte Chrétienne de Mulhouse sur Internet par le biais de Top Chrétien. Comme les dons de l'Esprit se manifestent dans ces cultes, en langues inconnues ou connues, en français ou en alsacien, une personne s'est levée pour donner la parole du Seigneur. En voici quelques extraits : « Je suis la parole…Nourrissez-vous de cette seule source…La parole vous guérira corps, âme, esprit… elle agira (guérira) même dans vos relations conjugales ou avec vos enfants…» Toujours parlant à son Épouse, le Seigneur dit: « Je t'aime, je t'ai lavée, tu es pure à mes yeux, tu t'es humiliée, voilà pourquoi tu es plus blanche que neige…». La parole est la nourriture de notre âme et fortifie aussi notre corps physique. Dieu envoya sa parole pour guérir. Le fait de croire en la parole de Dieu, d'entendre cette parole fait naître la foi, la foi en ce que Dieu dit, la confiance en ce qu'il déclare pour nous. La foi en Dieu et en sa parole chaque jour nous libère du stress, des angoisses de la journée, et donc notre corps physique est fortifié contre les maladies psychosomatiques. Il y a tout dans la parole de Dieu, tout ce qui contribue au bien être des Hommes. Il suffit d'en faire bon usage, en proclamant avec foi la parole de Dieu dans notre vie, car la mort et la vie sont au pouvoir de la langue, c'est dans la Bible *(Proverbes18.21)*, et il vous sera fait selon votre foi. Prenons l'habitude de confesser la parole même si la situation paraît insurmontale, à la fin vous aurez la victoire, vous aurez votre solution. La parole de vie est la solution aux problèmes des Hommes.

Chapitre 4 Mangez ma chair et buvez mon sang: la sainte cène

Les paroles de Jésus scandalisaient les juifs, comment peut-il nous donner sa chair à manger? Jésus parlait des choses spirituelles, de la vraie réalité. Ses disciples ont également murmuré *« Cette parole est dure ; qui peut l'écouter? »*(Jean 6.61).
C'est par la foi que nous recevons cette parole de Jésus, croyant que ce qu'il dit est vrai. Nous ne savons pas comment cette nourriture est composée, que contient le sang de Jésus. La vie de toute âme est dans le sang, la vie de Jésus est dans son sang. Dieu venu parmi nous, qui s'est fait homme, en mangeant son corps et en buvant son sang, nous devenons un avec lui, c'est cela la communion. Je prenais la communion à l'église catholique de mon enfance sans comprendre, mais j'attendais toujours ce moment avec joie et les paroles du prêtre« corps de Christ » résonnaient longtemps dans mes oreilles. C'était l'ombre des choses à venir, Dieu semait déjà des graines dans mon cœur jusqu'au temps fixé, pour me révéler l'œuvre de la croix. Dieu fait concourir toute chose pour notre bien. La sainte cène fait partie des instructions et recommandations que Christ a laissées à l'église le soir même où il fut livré.

La sainte cène: le repas du Seigneur
Marc 14.22. Luc22.19à 20

Bien-aimés, si votre assemblée est d'une dimension telle qu'elle n'arrive pas à dresser la table du Seigneur, ou si cette recommandation est tombée dans les oubliettes, priez vraiment sérieusement pour ce problème. Certaines assemblées évitent que les malédictions soient apportées à des gens qui prennent le corps du Seigneur sans discernement. Que faire? Cherchez vraiment la face de Dieu pour vous guider, car il n'est pas bon pour les disciples de Christ, de ne pas du tout manger la sainte cène. C'est un privilège que Jésus nous a donné, de communier en mangeant son corps meurtri et buvant son sang versé pour nous. Cependant, il est utile de bien connaître les prescriptions scripturaires sur la sainte cène. Observez ce que recommandent les écritures afin d'éviter une condamnation contre vous-même ou d'appeler une malédiction contre vous, en mangeant indignement le corps du Seigneur. Si vous le faites par la foi en suivant les recommandations de la Bible vous serez bénis.

La sainte cène est le repas du seigneur et une recommandation : « Faites ceci en mémoire de moi.»(Luc 22. 19). A l'époque où, pour cause de maladie, je ne pouvais pas me déplacer pour aller prier à mon assemblée en région parisienne, je suivais tous les dimanches par Internet les cultes de l'église Porte Ouverte de Mulhouse (en Alsace). Chaque dimanche, le service de sainte cène y est organisé. Il m'est arrivé de préparer très tôt avant le culte, du pain sans levure et une coupe du fruit de la vigne. Ainsi derrière mon ordinateur, en communion avec les frères et sœurs de cette assemblée, je mangeais la sainte cène. J'étais bénie. Un serviteur de Dieu qui priait pour moi à la même époque au téléphone, à cause de l'éloignement géographique, me donnait le message du Seigneur qui consistait à manger la sainte cène. Lorsque j'avais pris la sainte cène, je vomissais des litres de substances étranges (j'étais très malade, je souffrais de douleurs à la poitrine et au ventre que la médecine n'arrivait pas à enrayer ni à en trouver la cause ; de temps en temps j'avais un petit soulagement de quelques minutes après avoir pris une petite dose de morphine, et ça recommençait). Prendre la sainte cène par la foi avait contribué à ma guérison, elle fortifiait mon corps physique. " Ceci est mon corps, prenez et mangez, ceci est mon sang prenez et buvez" est une ordonnance prescrite par le Grand Médecin Jésus. Vous pouvez vous en servir pour, non seulement votre communion avec Christ, mais également pour votre guérison. Si vous gardez l'ordonnance chez vous, au lieu d'aller dans la pharmacie céleste acheter gratuitement sans argent, sans rien payer, rien ne se passera. Beaucoup de bénédictions accompagnent la sainte cène.

Il m'est arrivé de méditer longuement sur les meurtrissures de Jésus, sur son corps meurtri et son sang versé. Je questionnais l'Esprit, pourquoi les blessures étaient-elles faites sur des parties particulières du corps?

« *Invoque moi, et je te répondrai; je t'annoncerai de grandes choses, des choses cachées que tu ne connais pas.* » Jérémie 33.3
L'Esprit de Dieu est l'Esprit de révélation. Dieu peut se révéler en toute souveraineté, et nous dire les mystères des choses qu'il a cachées à l'intelligence humaine, ou nous donner l'intelligence de comprendre sa parole. Il le fait par les songes, les visions, les prophéties, les prédications de ses serviteurs. Il le fait également par sa parole écrite, un verset biblique peut en cacher un autre, une révélation écrite peut en cacher d'autres.
L'homme a soif de connaissance et cherche à percer le mystère des choses, mais l'esprit de l'homme ne peut saisir que ce que Dieu lui permet de comprendre. Nous pouvons sonder les écritures, chercher la face de Dieu, et rechercher la révélation, car nous sommes encouragés par Dieu à le faire : « Invoque- moi, je te répondrai; je t'annoncerai…des choses cachées. »

Courant le mois de Septembre 2010, au cours d'une méditation sur les meurtrissures de Jésus, source de salut, guérison et délivrance, je demandais au Seigneur pourquoi les meurtrissures ont été faites sur des parties particulières de son corps? Pourquoi Seigneur le dos a été flagellé, la tête blessée par les épines et les coups de roseau, les mains et les pieds percés par des clous et le côté percé par une lance? Seigneur, j'aimerai comprendre? Je n'ai obtenu aucune réponse dans l'immédiat, ni les jours d'après. Néanmoins souvent, je méditais sur ces parties du corps meurtries!
Une nuit, une pensée me vint à l'esprit, j'étais à l'instant en train d'adorer le Roi des rois, le Seigneur des seigneurs. Mon Seigneur et moi, nous nous enivrions dans une communion intime, quand j'eus dans mon esprit une pensée sur la signification des

meurtrissures. Pourquoi les blessures à la tête, aux mains, aux pieds, le côté percé, le dos flagellé ?

Désormais, nous pouvons élever les mains pures vers Dieu, les liens qui attachaient nos mains sont coupés; les mains libérées tendent vers l'indigent, vers les affamés de la Bonne Nouvelle. Les verrous et les chaînes qui emprisonnaient nos pieds sont brisés. Les pieds délivrés sont libres de marcher avec assurance pour proclamer l'Évangile de paix. *« Qu'ils sont beaux sur la montagne les pieds de ceux qui apportent les bonnes nouvelles, qui publie la paix, de celui qui apporte des bonnes nouvelles qui publie le salut »* Esaïe 52. 7; notre cœur est circoncis pour recevoir sa parole (je vous donnerai un cœur nouveau) pour aimer Dieu et aimer notre prochain; notre dos n'est plus courbé par le fardeau du péché, Jésus s'est chargé de nos fardeaux, Jésus lui-même est monté sur notre dos, l'ânon qui était attaché. Jésus était blessé à la tête pour que nos têtes soient délivrées de la captivité de l'ennemi, et guéries de la confusion, de la dépression, de l'oppression, et qu'elles se lèvent fièrement au-dessus de celles de nos ennemis. Il a porté une couronne d'épines afin que nous recevions la couronne de grâce, de bonté et de miséricorde (Psaume 103. 4), la couronne de vie si nous sommes fidèles serviteurs (Apocalypse 2.10). Lorsque j'adore Jésus, il m'arrive de me focaliser sur ces parties meurtries et je ne peux que m'incliner et le magnifier, car il a souffert pour ma délivrance, ma guérison, ma paix, ma joie. C'est dans l'intimité que Dieu nous parle et nous pouvons recevoir ses révélations.

«Qu'il me baise des baisers de sa bouche! Car ton amour vaut mieux que le vin
Tes parfums ont une odeur suave; Ton nom est un parfum qui se répand;
C'est pourquoi les jeunes filles t'aiment ; Entraîne-moi après toi! Nous courrons!
Le roi m'introduit dans ses appartements…Nous nous égaierons, nous nous réjouirons à cause de ton amour plus que le vin. C' est avec raison qu'on t'aime. »
Cantique des Cantiques 1.2 à 4
«Sur ma couche, pendant les nuits, j'ai cherché celui que mon cœur aime; »
Cantique des Cantiques 3. 1 a et b.

Pendant que la maisonnée est endormie, je me réveille péniblement pour m'introduire d'abord dans les parvis avec mes louanges et progressivement conduit par l'Esprit j'arrive dans le Saint des Saints, grâce au sang de Jésus qui me donne libre accès au trône de la grâce.

Le Seigneur est jaloux de ces moments de rendez-vous divins. Le sommeil peut être un usurpateur du temps que Dieu voudra passer avec nous, sans bruits environnementaux. Après avoir livré un combat contre la chair, mon seul désir : me retrouver avec le Seigneur Jésus; je dois me faire violence. Le réveil n'est pas toujours facile, « l'esprit est bien disposé, mais la chair est faible ». Je peux me rendormir, et il m'arrive effectivement de me replonger dans le sommeil, de ne me réveiller que beaucoup plus tard. Mais je ne quitte pas ma chambre sans parler au Seigneur. Dans la journée, le ciel reste ouvert, je peux décider de m'approcher de lui à chaque instant. Je peux « m'isoler » au milieu du bruit, et converser avec lui dans mon cœur ou méditer sur un passage des écritures.

Plus nous nous approchons du Seigneur, plus Il s'approche de nous, plus nous entrons en sa présence, plus nous l'aimons. Je ne savais pas qu'on pouvait tomber « amoureux » de son Dieu, de son Roi:

Au moment où j'écris ce chapitre, j'ai une faim et une soif ardentes du Seigneur, je suis « malade » d'amour! Mon cœur brûle au-dedans de moi, et je désire sa présence; je veux le contempler, le magnifier, l'exalter.

Ô Dieu comble mon cœur, étanche ma soif
Prends-moi dans tes bras d'amour
Courrons dans ton jardin secret
Pour contempler ta magnificence et la beauté de ta création
Cueillir les plus belles fleurs que tu donnes à tes bien-aimés
Que tu montres à ceux qui t'aiment et t'obéissent
Que je sente ce parfum d'amour qui me transporte et m'emporte dans ton Royaume d'amour;
Je t'aime mon Jésus, je t'aime si fort que mon cœur risque de défaillir
Soutiens- moi mon Seigneur et mon Roi,Toi l'infaillible
Que je boive à la source intarissable, source du salut
Donne-moi cette eau vive, ta parole vivante salutaire
Guéris mon cœur épris d'amour pour toi mon Sauveur et mon Dieu.

Voilà un hymne à l'amour pour notre Roi, à sa gloire. Je parle souvent au Seigneur dans la journée comme si je conversais avec un ami que je vois physiquement. Je peux lui faire remarquer quelque chose, surtout au dehors, dans mes courses ou mes déplacements, il m'arrive de dire « Seigneur, regarde! » Puis je lui montre quelque chose ou quelqu'un ou encore, je m'émerveille devant le spectacle des feuilles d'arbres jaunies qui jonchent et couvrent le trottoir, célébrant l'automne dans mon quartier. Ce spectacle merveilleux, cette joie dans mon cœur, ce régal des yeux, je le partage avec Celui qui a créé les saisons. Je ne savais pas ce que signifiait vraiment « prier sans cesse », je l'expérimente pendant la rédaction de ce livre, et c'est tout simplement merveilleux. Cela fait bientôt vingt ans que j'ai donné ma vie à Christ! Je découvre et j'apprends à le connaître chaque jour. J'ai longtemps tâtonné dans ma marche chrétienne parce que je n'étais pas focalisée sur Dieu. Je cherchais souvent Dieu au travers des autres, des prédications etc. jusqu'à ce que je le trouve dans des moments de souffrance quand les hommes ne pouvaient rien pour moi. Je saisis aujourd'hui ce que Dieu nous demande : *« **Cherchez premièrement le Royaume et la justice de Dieu ; et toutes ces choses vous seront données par-dessus »*** Matthieu 6.

33 ;
Manger ma chair et buvez mon sang. Cette parole était dure, même pour ses disciples, certains l'ont même abandonné. Nous donnera-t-il sa chair à manger? Or les paroles qu'il nous dit sont esprit et vie. Pourquoi la sainte cène a été instituée par le Seigneur? La réponse est dans sa parole.

Jésus est le pain de vie (Jean 6.32 à 58). Le vrai pain descendu du ciel; il donne la vie éternelle. Tous ceux qui ont reçu le Fils de Dieu ont mangé de ce pain.
« Car ma chair est vraiment une nourriture et mon sang est un breuvage. » Jean 6.55 ; *« Les paroles que je vous ai dites son esprit et vie »* verset 63

Qui vient à Jésus n'aura plus jamais faim ni soif. En effet l'âme de quiconque croît et a une relation intime avec le Seigneur se désaltère, est abreuvée quotidiennement et en paix avec Dieu. L'âme du croyant en Christ est lavée par l'eau pure de la parole et nourrie par cette parole. C'est l'âme qui mange les mets succulents que donne le Seigneur, le pain de vie. La sainte cène est un mystère, c'est une réalité spirituelle qui apporte la force, la vigueur, la santé et détruit toute sortes de maladies et d'infirmités dans notre corps. Nous nous identifions à Christ dans notre corps. J'ai pu constater des manifestations sur les corps des gens après la sainte cène, comme lors de certaines impositions de mains. La sainte cène fortifie tant notre corps physique que spirituel.

Le sang de Jésus est un breuvage
« Mon sang est vraiment un breuvage » (Marc 14.23-24 ; Matthieu 26.28).
Buvez par la foi ce breuvage, c'est une folie, mais c' est salutaire. Boire le sang de Jésus vous rendra fort et en bonne santé physique et spirituelle.
Faites l'alliance de sang avec Jésus par son sang précieux.

Le sang de l'alliance nouvelle et éternelle.
   Dès ma nouvelle naissance, j'avais saisi l'importance du sang de Jésus. Jésus a souffert à cause des meurtrissures sur son corps . N'oublions pas qu'il était également totalement homme.
Il avait eu le cœur brisé par le chagrin. Le jour où j'ai lu les paroles du Seigneur dans le livre de Gwen Shaw « Au fil des jours », disant qu'il avait eu le cœur brisé, j'étais surprise. J'avais toujours pensé à ses souffrances physiques, mais nullement à celles de son cœur meurtri par la douleur du rejet et du mépris (Il est venu vers les siens, ils ne l'ont pas reçu; l'un de ses apôtres l'a trahi, son ami Pierre l'a renié; la même foule qui s'émerveillait devant les miracles criait : « crucifiez-le », les soldats se moquaient de lui, Il demanda de l'eau on lui donna du vinaigre à boire,son Père l'a abandonné quand il a pris sur lui le péché du monde)
Le Seigneur avait perdu beaucoup de sang, et chaque goutte de son sang crie plus fort devant Dieu que le sang d'Abel.

Lorsque j'étais enfant, à l'église catholique de mon district natal, l'approche de Pâques était un moment difficile dans mon cœur. Le prêtre, un Suisse, avait une manière triste de décrire les évènements depuis la cour de Ponce Pilate jusqu'à la crucifixion à la croix, qui vous transportait deux mille ans dans le passé. C'est le seul moment de l'année où je voyais les faiblesses du prêtre, sa carapace tombait, sa voix était comme en agonie en conduisant le chemin de croix du vendredi saint. Ce n'est qu'à ce moment-là que j'éprouvais de bons sentiments vis-à-vis de notre prêtre. Le reste de l'année, nous ne l'aimions pas beaucoup, les enfants que nous étions; car c'était un homme sévère qui ne riait pas avec les enfants, toujours prêt à nous faire des remontrances. Nous passions beaucoup de notre temps libre à la mission catholique et donc le côtoyions tous les jours. Avec le recul, je crois qu'il essayait de nous discipliner, ce que nous prenions pour de la méchanceté. J'avais souvent les larmes plein les yeux sur le chemin de la croix, le cœur vivement touché. Dans mon cœur de petite fille, d'après la description que faisaient les prêtres, Jésus était un homme de bien, qui faisait du bien à tout le monde, un innocent qui a souffert et est mort d'une mort atroce. J'éprouvais de la sympathie pour ce Jésus. J'avais des cousins qui, non seulement n'aimaient pas aller à l'église mais pire, blasphémaient en changeant l'homélie des prêtres par leur chants à l'extérieur de l'église. Tout le monde les entendait, ce qui m'attristait. Je savais, dans mon cœur que cela déplaisait fortement à Dieu, et j'étais navrée de leur attitude. J'éprouvais de la pitié dans mon cœur pour tout ce qu'on avait fait à Jésus. Heureusement le dimanche, on venait célébrer la résurrection et mon cœur se réjouissait alors. Mais je ne savais rien sur la puissance du sang de Jésus.

La sœur Gisèle, instrument utilisé par Dieu pour me parler de Jésus, m'avait dit en quelques phrases à la fin de son séjour comment prier, et j'avais tout noté sur un bout de papier les étapes de la prière: « Après la louange et l'adoration, tu fais la repentance, et tu invoques le sang de Jésus pour te purifier de tout péché, ensuite tu invites le Saint-Esprit avant de faire les demandes(requêtes)… ». En complément de mon chapelet, je lisais sur la feuille. Puis quand j'ai commencé à fréquenter l'église entre 1995 et 2005, dans le quartier de l'aéroport à Pointe-Noire, nous avions été enseignés sur la puissance du sang de Jésus. Depuis lors, le sang de Jésus était devenu l'arme entre mes mains, mon breuvage quotidien. Dans ma maison, mon bain, j'invoquais le sang de Jésus, dans la voiture, à mon travail, au marché, sur les aliments etc. Les jeunes sœurs que Dieu m'avait confiées dans l'assemblée me répétaient sans cesse « Ah maman Sylvie! Tu as toujours sur tes lèvres le sang de Jésus… ». Il arrivait à l'église que le Saint-Esprit, au travers l'homme de Dieu, se focalise pendant la prière des malades que sur le sang de Jésus. Nous chantions alors pendant un long moment des cantiques sur le sang de Jésus. On entendait alors des cris stridents d'esprits impurs qui s'enfuyaient, sortant des corps des gens; certaines personnes vomissaient ou crachaient. Le précieux sang de Jésus! Ce sang a coulé pour nous alléluia!

Le sang de Jésus nous purifie de toute iniquité
Le péché confessé et abandonné, est effacé par le précieux sang de Jésus versé à la croix. S'il était comme le cramoisi, le sang de Jésus vous rendra pur et plus blanc que la neige.
J'emprunte ce chant ci-après à un pasteur de la région parisienne (le Pasteur Isidore SAKAMESO, inspiré par Esaïe 44:22 et 53: 5, lequel a été mon Pasteur de 1997à 1998 lorsque j'ai passé une année en France à cause de la guerre dans mon pays)
Par ton sang!
Rend-moi plus pur que le diamant
Par ton sang!
Rend- moi plus pur que l'or éprouvé
O Jésus toi mon Seigneur, je m'incline devant ta face
Sanctifie-moi, esprit, âme, corps
Impose sur moi Seigneur tes deux mains ensanglantées
Je veux être pur comme toi mon Seigneur
Enlève en moi Seigneur, ce qui n'est pas à ta gloire (Esaïe 44:22)
Je veux être pur comme toi ô Seigneur

« Heureux ceux qui ont le cœur pur, car ils verront Dieu » Matthieu 5.8 . C'est le Seigneur seul, par son sang versé qui nous purifie, c'est aussi l'eau de la parole qui purifie les cœurs. Pour être purifié comme le diamant ou comme l'or, nous devrions subir les étapes de purification subies par ces joyaux. Un diamant admiré dans les vitrines d'un joaillier est passé par plusieurs stades de purification et de nettoyage. Notre cœur, pour être pur, sera dans la main de Dieu comme le diamant ou l'or à l'état brut dans la main des spécialistes avant d'être présentés dans des vitrines. Or, nous sommes plus précieuses que l'or et le diamant. J'aime aussi l'image du potier et de l'argile, laissant ainsi Dieu me donner la forme et l'usage qui lui convient.

De la même manière, l'or est éprouvé par le feu pour devenir ce bijou poli et fin. Le feu brûle, calcine, consume. *« Bien-aimés, ne soyez pas surpris, comme d'une chose étrange qui vous arrive, de la fournaise qui est au milieu de vous pour vous éprouver. Réjouissez-vous, au contraire, de la part que vous avez aux souffrances de Christ, afin que vous soyez aussi dans la joie et dans l'allégresse lorsque sa gloire apparaîtra. »* 1 Pierre4. 12-13. La Bible nous dit de nous réjouir lorsque le feu du Saint-Esprit est allumé pour nous tailler, lorsque nous subissons des outrages et souffrons comme chrétiens. Or qu'arrive-t-il souvent lorsque nous sommes ainsi éprouvés? Nous murmurons, nous nous lamentons, accusons Dieu de ne pas nous venir en aide, nous nous montrons impatients à tous égards. Désirions-nous vraiment être purifiés comme le diamant ou comme l'or? Le diamant qui est un bijou magnifique et l'or de 18 carats ont subi plusieurs épreuves ; ils sont exposés à des températures extrêmes pendant le processus de finition. Saisissez l'image! Vous valez plus que l'un et l'autre, et Dieu qui nous aime nous laisserait-il à l'état brut?

Le sang de Jésus est la marque invisible sur les rachetés
La marque du sang sur les rachetés, c'est Christ qui signe : « Tu M'appartiens », « tu es intouchable » par l'ennemi, « racheté par Jésus-Christ ». Cette marque est invisible dans le monde physique, mais dans le monde spirituel, elle fait toute la différence. Il ne m'a été fait la grâce de voir le sang de Jésus dans le monde spirituel, mais mon esprit connecté avec l'Esprit de Dieu saisit ce mystère.
Par son sang, Jésus libère les captifs. Le sang de Jésus brise tout joug, toute captivité: luxure, alcoolisme, toute forme de dépendance addictive etc.

Le précieux sang de Jésus protège
Tout comme le nom de Jésus, le sang de Jésus est également puissant. Il protège contre toute forme de mal visible ou invisible. Couvrons-nous tous les jours de ce précieux sang, corps, âme, esprit.
J'ai assisté un jour à une petite histoire entre une mère et son fils (une histoire vraie) sur l'application du sang de Jésus par un enfant. Ce dernier tenait un gâteau ou un sandwich, je ne sais plus exactement quel aliment, à la main; par inadvertance il l'a fait tomber sur le parquet de leur appartement. Le petit garçon s'apprêtait à le ramasser pour manger lorsque la mère intervint et lui intima l'ordre de tout jeter à la poubelle. Suppliant sa mère, il dit : « S'il te plait maman, on met seulement le sang de Jésus... ». La foi de la mère était mise à l'épreuve : « D'accord répondit la maman, pour cette fois seulement ». Le sang de Jésus peut anéantir même les bactéries ou les microbes. Ceci n'est qu'un exemple sur la compréhension, par un enfant de huit ans, de la puissance qui est dans le sang de Jésus. Il ne s'agit pas d'une doctrine, ni une invitation à négliger l'hygiène nécessaire au bien-être et à la santé. Le sang de Jésus est capable de nous protéger des épidémies, si vous ne doutez pas. Cela ne veut pas dire que vous n'attraperez plus de grippe. S'il y a une épidémie mortelle, aspergez avec foi, sans douter, le sang de Jésus et ayez confiance sans paniquer; cependant ne prenez pas de risque sanitaire en tentant Dieu. La nourriture est peut-être trop solide? Le sang de Jésus protège contre une cohorte d'esprits impurs envoyés pour attaquer des enfants de Dieu dans leur sommeil. Un ami, auxiliaire de justice, m'a raconté qu'une nuit, il avait été visité par des personnes cherchant à lui faire du mal. Ces gens avaient pénétré dans sa chambre, et par une voix à peine audible, il a invoqué le sang de Jésus. C'est alors que la chambre est devenue toute rouge, et très précipitamment, ces deux ennemis se sont vite enfuis. Mon ami a eu la grâce de voir comment le sang de Jésus opère.

Le sang de Jésus ouvre la voie devant le trône de la grâce , Hébreux 4.16
Sans la mort de Jésus à la croix, nous n'avions aucun accès devant le trône, nous étions séparés de Dieu. La mort et la résurrection de Jésus nous ont ouvert la voie, nous pouvons nous présenter avec assurance devant le trône de la grâce (Hébreux 4. 16) conduit par l'Esprit de grâce.
Il n y a que le sang de Jésus qui nous rend acceptable devant le trône de la grâce. Le sang de Jésus a brisé le mur qui nous séparait de Dieu et érige un mur qui nous sépare

des ténèbres.
Ce précieux sang balise la route qui nous mène au ciel.

Le sang de Jésus, une arme puissante et victorieuse dans le combat spirituel . Apocalypse 12.11

Le sang de Jésus libère les captifs et les opprimés, donne la victoire aux enfants de Dieu dans le combat spirituel.
Le terme « combat spirituel » divise le corps de Christ. En tant que chrétiens nous sommes dans l'armée du Dieu de l'univers, soldats de Christ et engagés dans une guerre, que vous le vouliez ou non que vous le sachiez ou l'ignoriez. Cette guerre spirituelle est la guerre entre deux royaumes, le royaume de Dieu, et le royaume des ténèbres. Notre vocation est de conduire les âmes perdues au Seigneur. Puisque nous avons été libérés, Christ nous envoie aussi pour proclamer aux autres la liberté par Jésus Christ, annoncer la parole de délivrance pour libérer les captifs. C'est en se servant de la parole de Dieu, que nous trouvons tout l'équipement nécessaire, tout ce dont nous avons besoin pour rendre effective dans nos vies, dans l'église, le monde, la victoire de la croix sur Satan (Éphésiens 6. 10 à 18). L'ennemi de toute âme c'est le voleur, Satan (Jean10.10)
D'aucuns tombent dans les extrêmes, pratiquant le combat spirituel à tout bout de champ, parlant plus de Satan et des démons, que de la puissance et des merveilles de Dieu . Ainsi certaines personnes croyantes parlent très peu de Jésus et des œuvres qu'il continue à faire par ses disciples. D'autres, à l'opposé des premiers, excluent totalement de leur vie chrétienne d'exercer le combat spirituel lorsque cela est nécessaire. Certaines assemblées n'en parlent même jamais et n'offrent pas à leurs membres des enseignements qui les aideraient dans certains moments de leur vie et marche. La délivrance est nécessaire dans la marche chrétienne pour accomplir sa destinée divine. Il est vrai que Jésus a tout accompli à la croix, et qu'il n'y a plus de condamnation pour tous ceux qui sont en Christ, cependant la responsabilité nous incombe de rendre efficace et effective, dans notre propre vie, ce que Jésus a accompli à la croix. Nous savons que c'est par les meurtrissures de Jésus que nous sommes guéris, mais si nous ne confessons pas la parole, si nous ne brandissons pas cette parole à l'ennemi lorsque nous sommes malades, ne prions pas pour notre guérison, la parole qui est la vérité, écrite dans la Bible n'aura aucun effet sur nous. Dieu a envoyé sa parole pour guérir; celle-ci est une épée, une arme dans le combat spirituel. Il est des moments dans la marche chrétienne où il est important d'exercer l'autorité que Christ nous a conférée, en demandant comme Élie que le feu du Saint-Esprit déscende et consume les œuvres de l'ennemi, en secouant comme Paul (Actes 28.1à 5) le serpent qui veut vous mordre et le jeter dans le feu, en chassant les démons que vous avez discernés et qui nuisent à votre vie. A un moment de ma vie, je pratiquais le combat spirituel de façon désordonnée et non scripturaire utilisant même les armes de l'ennemi : la haine, la vengeance, la colère devant les assauts de l'ennemi. Nous n'avons pas à lutter contre la chair et le sang. Faire cette différence

entre l'être humain et les esprits qui l'animent est très important afin de ne pas se mettre hors-jeu. Si vous combattez avec les armes de l'ennemi, vous ouvrez une brèche qui permet à ses assauts de vous atteindre. La Bible nous fournit plusieurs armes: le nom de Jésus, le sang de Jésus, le feu du Saint-Esprit, la parole de Dieu, la prière etc. pourvu que l'on sache quelle arme appropriée utilisée dans un contexte donné (voir aussi éphésiens 6 à partir du verset 10).
Le sang de Jésus est une arme très puissante dans le combat entre le bien et le mal.
La vie en Christ commence à la croix, et le sang qui a coulé est notre arme à utiliser sans modération. C'est depuis la croix que cette arme puissante nous a été donnée. Nous pouvons en faire usage dans l'adversité. Par le sang de Jésus, nous brisons tout joug étranger dans nos vies.

Un chrétien doit être capable de prier et d'annuler par la proclamation de la parole de Dieu et par l'autorité que Christ lui a donnée les paroles négatives, mauvaises, prononcées contre lui, même involontairement par des gens, d'effacer ainsi leurs conséquences négatives. Nul n'ignore le pouvoir des mots. Les paroles négatives ont brisé la vie de beaucoup de personnes.
Certaines maladies sont causées par des esprits impurs, et il faut exercer le combat spirituel pour chasser ces esprits. Certains péchés sont dus à la présence d'esprits mauvais ayant pris possession de la personne dès son enfance, voire dans le sein maternel. Une mère alcoolique transmettra un esprit d'alcoolisme à son enfant. Un enfant né malgré diverses tentatives d'avortement (exemple fréquent en Afrique quand une jeune fille tente en vain de se débarrasser de sa grossesse, en prenant toutes sortes de potion) ou un enfant dont la naissance n'est pas reconnue par le père, souffrira d'un esprit de rejet dès le ventre de sa mère. Cette personne, devenue chrétienne, souffrira de rejet même au sein de son assemblée. Les exhortations sur l'amour de Dieu et l'amour fraternel ne la toucheront pas. il faut d'abord chasser l'esprit de rejet qui avait pris place dans sa vie dans le nom de Jésus, briser les forteresses érigées par l'esprit de rejet au moyen du sang de l'alliance nouvelle. Il y a plusieurs cas de figure.

Beaucoup d'enfants de Dieu souffrent des problèmes qui ne sont pas liés à leur propre péché, mais des conséquences des péchés de leurs ancêtres ou des parents idolâtres. Les alliances mauvaises conclues par des ancêtres ou des parents idolâtres peuvent influencer négativement la vie d'une personne. Certains ont l'impression que leur vie n'avance pas alors qu'ils sont de bons chrétiens dans tous les sens du terme. Nous avons reçu le pouvoir de marcher sur les serpents et les scorpions et sur toute la puissance de l'ennemi (Luc. 19. 19), de chasser les démons ;mettons en pratique la parole de Dieu. Jésus non seulement enseignait, mais il a également exercé le ministère de guérison et de délivrance, la Bible en parle. Alors pourquoi ne pas chausser les chaussures du soldat de Christ pour marcher sur le serpent dont la tête a déjà été écrasée à la croix, n'agitant que sa queue? Ne laissez pas le diable se réjouir de votre ignorance sur le combat spirituel. Tout chrétien est enrôlé dans l'armée de l'Eternel des armées, alors combattez, ne soyez pas des "maillons faibles". Le diable ne se repose pas, il peut se retirer un moment, mais rode toujours pour revenir sous une autre forme, alors veillez.

Lorsque j'étais en Afrique, j'ai assisté comment Jésus a délivré une jeune fille des esprits qui tourmentaient sa vie, au cours d'une réunion de prière de la semaine. Cette jeune fille était venue à l'église bien habillée et bien coiffée. Les yeux charnels ne pouvaient être qu'en admiration. Elle ne se doutait de rien. Quand l'Esprit de Dieu s'est manifesté, les esprits qui étaient en elle l'ont traînée par terre (l'église était en terre battue et on avait arrosé le sol avant la réunion de prière). Cette élégante fille rompait, roulait par terre. Toute l'assemblée s'était mise en prière pour elle. A la fin, elle était méconnaissable, ses vêtements et sa chevelure étaient couverts de boue, y compris son visage. Mais elle était une autre personne malgré cette boue sur elle. Jésus libère les captifs. Une autre fois, une de mes filleules, de nature timide, et n'ayant jamais appris à danser la salsa, s'est mise à danser comme une cubaine pendant la prière des malades et de délivrance. J'étais abasourdie, et me demandais où avait-elle appris à danser merveilleusement la salsa? Il n'y avait pas de club pour apprendre à danser la salsa à Pointe-Noire. Lorsqu'on a chassé l'esprit qui s'était manifesté derrière, elle n'a plus continué à danser et s'est assise apaisée.

Que vous le vouliez ou non, appartenir au camp de Dieu fait de vous un soldat de christ et vous êtes engagé dans le combat spirituel. Vous avez déserté l'armée de Satan et vous avez été enrôlé dans l'armée de Christ, le diable va vous combattre. Mais prenez courage, il a été vaincu il y a de plus de deux mille ans à la croix. Le sang de l'agneau de Dieu est une arme protectrice. Il n y a pas de limites jusqu'où le sang de Jésus purifie, protège, libère, guérit, restaure etc.

Laissez-vous guider, inspirer par le Saint-Esprit et utilisez la parole de Dieu (Hébreux 4. 12).

Il y a de cela plusieurs années, lorsque j'étais avocate stagiaire, j'avais fait une expérience insolite et inédite, aspergeant le sang de Jésus dans mes dossiers professionnels. En effet, chaque fois que j'avais rédigé des conclusions, le maître de stage recorrigeait tout mon travail ligne par ligne utilisant d'autres mots mais les mêmes arguments. J'étais souvent frustrée; néanmoins, je n'en disais rien. Une nuit, je fis un rêve que toutes les conclusions que je rédigeais étaient jetées dans la poubelle du secrétariat. Arrivée au cabinet, je pris la résolution, depuis ce jour, de prier et couvrir mon dossier dans le sang de Jésus avant de le soumettre à la correction. Le changement était net, mon travail était reconsidéré à sa juste valeur ; il n'y avait quasiment plus de ratures sur mes copies. La correction était juste même si je devrais reprendre une argumentation.

Les démons ne supportent pas le sang de Jésus. Pendant les prières de délivrance, après les cantiques et la prière sur le précieux sang de Jésus, certaines personnes poussent des cris inhumains, on se croirait dans un parc zoologique. D'autres encore rompent comme des serpents ou rugissent comme un lion ou marchent comme un gorille.

Dans mon enfance j'ai vu comment certains ressortissants du nord du Congo près de la République Centre Africaine mettaient l'os de gorille dans l'eau de bain du bébé (les garçons essentiellement). Les parents désiraient que leur fils, une fois devenu grand, soit fort et imbattable dans des luttes et bagarres avec d'autres enfants, ou pour devenir un futur lutteur. En grandissant, l'enfant développait les caractères d'un gorille et il était toujours vainqueur dans les luttes.

Souvent les esprits qui se manifestent sous forme d'animaux révèlent les alliances que les ancêtres ont faites, en adorant un animal comme protecteur de la famille de génération en génération. Il suffit de faire une enquête auprès des personnes délivrées pour savoir quel est l'animal vénéré dans la famille ou pris comme protecteur pour se rendre compte des esprits qui se manifestent(ceci est plus fréquent en Afrique et en Asie). Il se passe des choses à l'intérieur de l'être humain habité par toutes sortes d'esprits. Gloire soit rendue à Dieu qui apporte la lumière dans la vie des gens et les délivre de toutes formes de captivité.

Heureux ceux qui ont la grâce d'être délivrés de ces esprits impurs par la puissance du sang de Jésus.

Tout chrétien doit désirer sa délivrance s'il n'arrive pas à triompher de certains péchés. Avoir un esprit de domination (différent de l'autorité que Dieu confère à ceux à qui il confie le troupeau de Dieu ou celle des parents sur les enfants) révèle la présence d'un mauvais esprit derrière une telle attitude. Si un chrétien (berger ou non) suscite (à ceux qui sont faibles d'esprit) de la crainte et de la peur, il a besoin de délivrance. L'homme est le chef de la femme, il ne peut en être autrement, la Bible est claire à ce sujet. Ainsi une femme qui domine son mari, celui-ci n'a aucun mot à placer dans la prise des décisions, et fait la loi dans sa maison, a besoin de délivrance. La domination doit être brisée, l'esprit de domination chassé dans le nom de Jésus. Une autorité établie par Dieu doit être exercée dans un esprit d'amour sans créer la panique ou la crainte; elle suscite respect et obéissance. En revanche un esprit de domination engendre la peur et l'aliénation. La personne sur qui est exercée la domination obéit par crainte et peur, et cela peut susciter l'amertume ou le ressentiment. Le Seigneur affranchit de toute domination et libère de la peur. J'ai été libérée de la peur ou la crainte. C'est pour la liberté que Christ nous a affranchis, et l'Esprit de Dieu, l'Esprit de gloire habite en nous. Cette parole m'a aidée à triompher de la domination exercée sur moi dans mes relations. C'est au moyen des songes que le Seigneur m'a révélé l'esprit de domination qui se manifestait chez certaines personnes, une sorte de domination sournoise ou subtile. On peut être loin de penser être sous une forme de servitude vis-à-vis d'autres personnes. Il faut briser la domination et revêtir l'autorité de Christ. seul Christ domine sur nous avec amour.

Il est également indispensable de se couvrir dans le précieux sang de Jésus lorsqu'on travaille dans des hôpitaux ou centres psychiatriques, car les esprits de maladie de toutes sortes et l'esprit de mort rodent dans ces endroits.

Une jeune dame m'a raconté qu' elle travaillait dans le secteur des personnes âgées et s'occupait d'une dame qui souffrait d'une lombalgie chronique. La personne âgée ne quittait jamais son lit. Un soir, pendant que la jeune dame la préparait pour sa nuit, elle eut une drôle de sensation au niveau du dos et une fatigue subite. L'atmosphère de la chambre était devenue lourde. Cette auxiliaire de vie s'est mise à prier en invoquant le sang de Jésus pour la protéger. En quelques minutes, elle était à nouveau très en forme, sans plus rien sentir au niveau de son dos. Elle a continué à s'occuper de la dame en priant dans son cœur, mais de temps en temps, par une prière à peine audible, elle exerçait l'autorité que Jésus nous a donnée pour chasser les esprits de maladie.

Le cantique ci-dessous est bien connu des chrétiens. Dans notre assemblée en banlieue nord parisienne, nous le chantons souvent :
La victoire est dans le sang de Jésus (4 fois)
Ô le sang de Jésus (3 fois)
Me rend plus que vainqueur
Le sang du pardon
Ô le sang de Jésus (3 fois)
Me rend plus que vainqueur
Le sang de l'agneau
Me rend plus que vainqueur.

Ce chant est un cri de guerre et de triomphe dans le combat spirituel. Je fais souvent usage du précieux sang de Jésus et quotidiennement j'invoque le sang de Jésus sur mon esprit mon âme et mon corps. Il m'est arrivé de ressentir physiquement les attaques du monde spirituel, aussitôt j'invoque le sang de Jésus sur moi. Ces manifestations ne me troublent plus comme par le passé, quand j'étais dans l'ignorance des réalités spirituelles et des attaques venant de ce monde. En 2005 pendant un voyage en famille à Hong-Kong, j'ai été attaquée à l'entrée d'un temple des dieux adorés en Asie. J'ai eu un malaise soudain et j'ai commencé à vomir. J'exerçai l'autorité au nom de Jésus et aspergeai le sang de Jésus sur mon être tout entier. Cela m'avait soulagée à l'instant même et le malaise disparu. Même mes enfants avaient compris que j'avais été attaquée par des esprits démoniaques, ils me l'ont dit aussitôt.

Chapitre 5 Aimez Jésus

« Pour nous, nous l'aimons parce qu'Il nous a aimés le premier. » 1 Jean 4.19
« Et cet amour consiste non point en ce que nous avons aimé Dieu, mais en ce qu'Il nous a aimés et a envoyé son Fils comme victime propitiatoire pour nos péchés. » 1Jean4.10

« Aimez-moi » nous a dit Jésus cette nuit de 2010. Si Jésus demande qu'on l'aime c'est nos cœurs qu'Il désire. N 'aimons pas du bout des lèvres. Le fait d'aller à l 'église tous les dimanches ne veut pas forcément dire que vous l'aimez . En fait quelles sont vos préoccupations ? quelle place occupe le Seigneur dans votre cœur et dans votre vie ? Il ya un prix à payer pour aimer Jésus, c'est de renoncer à vous-même, d'obéir et de faire ce qu'il vous demande. Si Jésus est votre premier confident, votre conseiller, votre ami, votre tout, vous l'aimez.
Veillez à ne pas manquer d'amour. Dieu nous aime, aimons le Seigneur de toute notre force. Parlez-lui, ayez une communion chaque jour avec Dieu dans la prière. Quel malaise ne ressentions-nous pas quand nos enfants ne nous parlent pas! Dieu languit et attend que ses enfants lui parlent, communient avec lui sur tout ce qui concerne leur vie, dans les petites comme dans les grandes choses. Rien n'est insignifiant pour Lui, Il aime que nous lui parlions, et Il prend plaisir à cela. La prière devrait être un moment agréable et non vue comme un lourd fardeau. Ne comptez pas sur votre chair pour coopérer avec vous dans la prière, elle ne le peut tout simplement pas. Faites appel à l'esprit, au véritable vous, à l'homme intérieur pour entretenir une communion quotidienne avec Dieu notre Père. La voie pour accéder au trône de la grâce est ouverte depuis que le corps de Jésus a été déchiré. Passez par cette route pour vous approcher de Dieu chaque jour, vous le connaîtrez personnellement, vous aurez une expérience et une histoire personnelle avec le Seigneur.
Si on posait la question à tous les croyants en Christ : Aimez-vous Jésus? Nous répondrons tous par l'affirmative! N'est-ce pas ce que nous chantions dans nos cantiques? Il est notre sauveur et nous l'aimons pour le salut gracieusement offert. Comment ne pas aimer une personne qui a sacrifié sa vie pour nous ? Il a souffert et le châtiment qui nous donne la paix est tombé sur Lui(Esaïe 53). Tout le monde aime son héros, normal que nous aimions notre Sauveur Jésus Christ.
Quand on aime une personne, on fait toutes sortes de choses pour plaire à la personne qu'on aime.

Aimer Jésus c'est aussi aimer sa parole, méditer sa parole, s'en imprégner, et rechercher sa sagesse. Je suis étonnée quand je vois les chrétiens porter leur Bible et attendre seulement le moment de la prédication pour l'ouvrir ! Un soldat qui porte une arme et qui ne sait pas s'en servir est en danger lorsqu 'il fait face aux brigands. Ce monde est un repère de brigands ; portez votre Bible dans votre cœur et non comme un objet de décoration. J'avais compris un jour de l'année 2003, que ce livre n'était pas ordinaire le jour où j'ai failli perdre un œil : une personne m'avait donné un coup dans l'œil, juste parce que j'avais ouvert ma Bible pour la lire ! Lorsque je suis venue en vacances à Paris deux mois plus tard, je suis allée consulter un ophtalmologue. J'ai été traitée au laser pour faire un cerclage autour de mon iris, le liquide s'était éparpillé, d'où les flasch que j'entrevoyais. J'ai renoncé à prendre le certificat médical proposé par le spécialiste , heureuse d'avoir reçu des coups et blessures pour Jésus.

Aimons-nous vraiment Jésus comme notre Seigneur? S'il est le Seigneur et le Maître, c'est lui qui devrait régner dans tous les domaines de notre vie!
Nous pouvons prendre la décision d'aimer Dieu, car il a déjà répandu son amour dans nos cœurs par le Saint-Esprit. L'amour (agape) est un acte de notre volonté, une décision d'aimer en pratiquant ses commandements, en obéissant aux lois divines dans notre marche. Dieu nous fera la grâce que cela touche aussi nos émotions. Les sentiments n'ont rien avoir, cet amour agape est différent de l'amour humain, il suppose l'obéissance. L'amour humain peut flétrir, mourir et se convertir en haine, l'amour de Dieu ne périt jamais. Que disent les Écritures? Celui qui aime Jésus garde ses commandements (Jean14.15). Si nous disons que nous aimons Jésus et ne gardons pas sa parole, nous ne sommes pas dans la vérité, cet amour n'est pas authentique, sincère.

Aimer le Seigneur, c'est donc obéir à ses instructions, rechercher et faire sa volonté.
C'est souvent dans le domaine du pardon que les enfants de Dieu désobéissent à la parole de Dieu. Aujourdh'hui si Jésus venait vous visiter, Il vous dira « Si tu m'aimes pardonne à ta voisine qui t'a offensé, Pardonne à ton conjoint, à tes collègues,à tes enfants, et à tes ennemis ». Dans notre vie quotidienne, nous nous offensons les uns les autres même involontairement. Personne n'est exempt. La parabole du bon maître qui remet toute la dette à son serviteur, et du mauvais serviteur impitoyable devrait tous nous faire réfléchir. Et si Jésus a pris le temps d'enseigner à Pierre et aux autres la leçon du pardon, nous ne devrions pas oublier cet enseignement que vous trouverez dans Matthieu18. 21 à 35
Beaucoup d'hommes et de femmes vivent dans la prison du non pardon. J'ai été captive du non pardon, cela produisait dans mon cœur l'amertume et retardait ma guérison physique. La Bible nous recommande de nous pardonner les uns les autres, de pardonner les offenses. En le faisant, nous manifestons notre amour pour Jésus.
Aimer Jésus, c'est continuer à lui faire confiance dans les situations difficiles, dans la prise des décisions.

Donnons à Jésus la première place, il doit être au centre de notre vie. C'est-ce qui ressort des paroles de Jésus dans Luc14.26:*« Si quelqu'un vient à moi, et qu'il ne hait pas son père, sa mère, sa femme, ses enfants, ses frères et sœurs, et même sa propre vie, il ne peut être mon disciple.».*
« Celui qui aime son père ou sa mère plus que moi n'est pas digne de moi, et celui

qui aime son fils ou sa fille plus que moi n'est pas digne de moi… »Matthieu 10.37.
C'est dur à entendre, mais Jésus mérite que nous l'aimions plus que tout. En fait quand on aime Dieu, on le manifeste en aimant notre prochain.

  Les personnes qui aiment Jésus et obéissent à sa parole vivent une vie chrétienne heureuse et épanouie avec leur famille . En revanche ceux qui mettent leur famille en premier, à la place qui revient à Dieu, connaissent une illusion de paix et de bonheur, car dès que surviennent les conflits, la haine vient remplacer l'amour, et souvent il y a de l'hypocrisie, de la domination, de la crainte(peur) dans les relations. Aimez Jésus en premier, accordez lui la première place dans votre vie. Ainsi son amour se répandra dans votre cœur, débordera pour se reverser sur votre famille et votre entourage. Un jour, je m'inquiétais de laisser souvent mon fils seul, à cause des réunions de la semaine à l'église, et pendant tout le trajet pour rentrer je n'arrêtais pas de l'appeler de lui dire ce qu'il devait faire ; je m'inquiétais tellement qu'une jeune femme qui était de la même assemblée me fit cette remarque :« Dis ! lorsque ton fils dort , c'est toi qui le gardes ? Pourquoi tu t'inquiètes tellement ? ». Il m'arrivait parfois de renoncer à aller à la réunion de prière pour rester avec lui et c'est encore lui qui me demandait « maman ! aujourd'hui tu ne vas pas à l'église ? ». Un enfant demandé à Dieu dans la prière est souvent très couvé par la mère, et c'est mon cas. Mais devenu adolescent, mon fils s' intéresse plus à ses amis. Jésus mérite la première place, Jésus s'intéresse à nous, il mérite notre amour, Il nous a aimés le premier.

Chapitre 6 Aimez et bénissez Israël

Veillez à changer vos attitudes et pensées sur Israël

Puisse Dieu notre Père incliner le cœur des chrétiens à avoir l'amour pour Israël, et à aimer tous les peuples de toutes les nations. Le Seigneur nous a touchées Ruth et moi au plus profond de notre cœur, nous reprochant le péché de toute une nation qui s'était liguée contre l'état d'Israël.
Le Dieu que nous invoquons chaque jour est le Dieu d' Abraham, d'Isaac et d'Israël. Aimer Israël est pour notre propre bien, si nous voulons être bénis car Dieu dit à Abram dans Genèse12.3, avant que son nom ne fut changé en Abraham : « ***Je bénirai ceux qui te béniront, je maudirai ceux qui te maudiront*** »
Dieu aime toujours Israël à cause de l'alliance avec ses pères Romains 11. 11 à 32. Si nous aimons Dieu, nous sommes appelés à aimer Israël ! Notre Dieu est le Dieu d'Israël. Par Jésus-Christ, nous pouvons jouir de toutes les promesses faites à Israël, nous avons la bénédiction d'Abraham. Israël est le peuple élu, Dieu n'a jamais annulé cette élection. Par Jésus-Christ, par son sang versé nous sommes des rachetés, acceptés par Dieu, devenus ses enfants d'adoption.
Israël est considéré comme les branches naturelles de l'olivier franc, peuple élu. Israël retranché de l'olivier franc à cause de sa désobéissance, sera réintégré. Que les écailles tombent de nos yeux pour aimer le peuple choisi par Dieu sur toute la terre, pour en faire son peuple. Aujourd'hui Dieu nous a également choisis par Jésus-Christ. Aimez Israël, Dieu a également fait de nous « une race élue, un sacerdoce royal, une nation sainte » 1 Pierre 2.9 par Jésus-Christ son Fils.
Avant le retour de Jésus, Israël reconnaîtra son messie.

L'alliance faite avec Abraham, Isaac et Jacob devenu Israël subsiste toujours.
Que tout chrétien qui manifeste du ressentiment contre Israël se repente, cela est de votre intérêt. Dieu n'a jamais abandonné Israël comme beaucoup le pensent. Moi aussi je faisais partie des gens qui pensent que Dieu n'était plus avec Israël. Ne combattez pas contre eux, Dieu vous combattra. Les nations ennemies d'Israël se font ennemies de Dieu. Si par ignorance ou mauvais enseignements, vous avez manifesté de la haine contre le peuple juif, repentez-vous sincèrement, demandez au Seigneur de vous faire la grâce d'aimer Israël. Jérusalem est la ville du Grand Roi. Ne ratez pas cette occasion de vous repentir en lisant ce passage. Aimez et Bénissez Israël.

Parmi les projets que j'avais faits ces dernières années, l'un consistait à aller en Israël, et surtout visiter Jérusalem et les sites Bibliques. Dieu m'a fait la grâce de réaliser mon rêve en Octobre 2013, en participant à un voyage en Israël organisé par Derek Prince Ministries France et Jérémiah Tours sous le thème " Sur les traces de Jésus". Nous avons pris l'avion à Marseille, la compagnie aérienne El Al Israël. A notre arrivée à l'aéroport de Tel Aviv aux environs de vingt heures trente, la voix de l'hôtesse retentit dans le haut-parleur "Shalom, bienvenue en Israël" et je laisse échapper un alléluia! Après les formalités de police et de frontière, l'attente et la récupération des bagages, nous avons rejoint le guide et le chauffeur qui nous attendaient à la sortie. L'une des participants arrivée le matin par un vol Air France, avant le groupe, était également là en compagnie du guide. Celui-ci nous a accueillis avec des bouteilles d'eau minérale, parce qu'on venait de faire un voyage et qu'on pouvait avoir soif. Etant encore adepte des sodas à cette époque, j'avais plutôt envie d'un soda bien frais. Fouler la terre d'Israël pour la première fois me donnait un sentiment de joie et de paix immenses. Sans tarder, notre car a démarré pour deux heures de route, pour rejoindre notre hôtel à Tibériade, ville située à quelques minutes en voiture de la ville de CANA, en Galilée. Nous avons passé les cinq premiers jours en Galilée avec entre autre visite, celle de Capernaum suivi d'une excursion sur le lac de Galilée etc. Le 27 Octobre, dans l'après-midi, après la baignade à la mer morte, et la visite de l'usine AHAVA, société fabriquant des produits à base des produits de la mer morte, le car a pris le chemin de Massada, en traversant le désert d'En-Guédi, le lieu où David s'était réfugié pour fuir le roi Saul. Après une nuit dans le désert chez les Berbères, nous avons pris la route de Jérusalem, la deuxième phase de notre voyage en Israël. J'aimais les juifs que je croisais, j'aimais lorsque je marchais dans les rues de Jérusalem avec le groupe. Je demandais à l'organisateur du voyage comment faire pour immigrer en Israël? Est-ce difficile? Oui m'a-t-il répondu. Je résolus dans mon cœur que je reviendrai à Jérusalem, je repartirai au Jourdain, cette fois pour me plonger dans ce fleuve, et non me contenter de tromper seulement mes pieds comme je l'ai fait la première fois. Je reviendrai à Jérusalem pour revoir le mont du Calvaire, passer mon temps dans les jardins du tombeau, prier et adorer depuis la terre d'Israël, si Jésus ne tarde à venir, car il revient.

Si vous êtes incapable d'éprouver de l'amour pour Israël à cause de ce que la religion vous aurait enseigné, que ce sont les juifs qui ont tué Jésus! Sachez que cela faisait partie du plan de Dieu pour que le salut de Dieu nous atteigne. Demandez à Dieu d'incliner votre cœur pour aimer Israël, il le fera.

Quand je parle d'aimer Israël, ce n'est pas que nous ne devrions pas aimer les autres nations ; ce que je veux exprimer c'est : ne vous faites pas ennemi d'Israël, surtout si vous êtes chrétien, « le salut vient des juifs ».

Troisième partie les préceptes d'une vie chrétienne victorieuse

Chapitre 1 Jésus parle de la foi et des bonnes œuvres de Joseph d'Arimathée

La foi et les bonnes œuvres
La foi à elle seule ne suffit pas, il faut l'habiller de bonnes œuvres.
Jacques 2: 14 à 26 (Je conseille au lecteur de lire plusieurs versions de la Bible dont la Bible Le Semeur qui nous donne une compréhension plus simple de ce qu'on entend par les œuvres. Dans cette dernière version, on parle de la foi et les actes; la foi sans les actes est morte)
Si nous avons la foi, les œuvres le démontreront, mais celles-ci ne sauvent pas, soyons clair sur ce point. Nous sommes sauvés par la grâce au moyen de la foi en acceptant Jésus-Christ comme notre Sauveur et Seigneur, donc en croyant qu'il est mort à la croix pour nos péchés, qu'il est ressuscité d'entre les morts et est vivant. Qu'est-ce que la foi? La réponse est dans l'épître aux Hébreux au chapitre 11 au verset 1. La Bible déclare. *« Or, la foi est une ferme assurance des choses qu'on espère, une démonstration de celles qu'on ne voit pas. »* La foi croît ce que les yeux charnels ne voient pas, elle prend Dieu au mot.

La foi est un don que Dieu donne pour s'approcher de lui et lui être agréable. Une servante de Dieu du Gabon de passage à Paris en automne 2007, au cours d'un séminaire dans la région parisienne, définissait la foi comme « la monnaie qui permet de tout acheter au ciel »; la foi est véritablement un moyen d'échange. La grâce s'obtient au moyen de la foi, le salut, la guérison, le succès etc.
Imaginons un marché où il est écrit :« Marché du royaume des cieux, où rien n'est impossible à Dieu où tout est possible à celui qui croît » ; une seule devise, ou une seule monnaie permet d'acquérir tout ce que vous voudrez, la foi. Tous les acheteurs potentiels qui ont entendu l'appel du Fils de Dieu, cru et répondu à cet appel ont cette monnaie ou cette devise. Pour acheter, il suffit d'utiliser cette devise et cette monnaie et croire qu'en l'utilisant, ils possèdent déjà ceux qu'ils ont demandé, quoique la livraison n'est pas immédiate. Dieu décide du moment de la livraison, de l'heure, du jour. L'acheteur sait qu'il possède déjà des choses qu'il a achetées, et verra tôt ou tard les marchandises déposées à son adresse. Nous avons confiance en Dieu qui ne trompe pas. Dieu qui connaît réellement nos besoins, sait ce qu'il nous donnera. La Bible dit que la foi sans les œuvres est morte. Jésus nous demande de produire de bonnes œuvres, et cette nuit-là, il nous cite l'exemple de son disciple caché, Joseph d'Arimathée. Dans certains pays, les disciples du Seigneur sont obligés de se cacher par crainte de représailles des autorités. Joseph d'Arimathée ne suivait pas publiquement Jésus par crainte des autres chefs religieux, néanmoins il était son disciple.

Qui est Joseph d'Arimathée?
Jésus a parlé de Joseph d'Arimathée la nuit où nous avons accepté de veiller avec Lui. Nous connaissons Joseph d'Arimathée comme l'homme qui avait demandé le corps de Jésus à Ponce Pilate et l'a mis dans le tombeau. Le Seigneur nous cite la foi de Joseph, nous révèle cette bonne œuvre qu'il a accomplie et qui était peut être sa mission, sa destinée. Seul un homme riche pouvait mettre le corps de Jésus dans un tombeau taillé dans le roc, un tombeau neuf où personne n'avait encore été enseveli, afin que l'écriture s'accomplit « *On a mis…son tombeau avec le riche...* » Esaïe 53.9b

Qui est Joseph d'Arimathée ? La Bible parle de lui comme « *un homme riche, originaire de la ville d'Arimathée, …un membre éminent du Grand conseil qui, lui aussi vivait dans l'attente du Royaume de Dieu* » (version le Semeur Matthieu 27.57 et Marc15.43). Un homme bon et juste…Il attendait le Royaume de Dieu (Luc 23.50-51) et n'avait pas approuvé la décision ni les actes des autres membres du Conseil (Luc23.51)
Un disciple de Jésus qui ne suivait pas Jésus avec les apôtres, par crainte d'être exclu du sanhédrin? Il n'était pas venu trouver Jésus en secret comme l'avait fait Nicodème. Mais certainement, il l'écoutait avec étonnement et admiration, il était son disciple ; il croyait en lui dans son cœur, il avait la révélation que les autres membres du Grand conseil n'avaient pas. Cet homme marchait dans la crainte de Dieu, il avait su que Dieu avait visité son peuple. Lorsque Jésus a été crucifié, est mort et a prononcé des paroles que les prophètes ont annoncé à l'avance, Joseph qui était bon et juste croyait en lui, a eu la révélation des écritures. C'est de Jésus que parlent les prophètes (Esaïe 53 ; Psaume 22 de David: « Mon Dieu, mon Dieu pourquoi m'as-tu abandonné… »
Je pense qu'en demandant à Ruth de lire dans la Bible, le Seigneur voulait qu'on étudie plus profondément quel type d'homme qu'était Joseph, nous montrer l'attitude du cœur de Joseph, l'attitude du cœur de celui qui a la foi.
Joseph a pris le courage et le risque de demander le corps de Jésus à Ponce Pilate (lire Marc 15.43; Jean19.38). Marc 15. 16 dit « *Et Joseph ayant acheté un linceul, descendit Jésus de la croix, l'enveloppa du linceul, et le déposa dans un sépulcre taillé dans le roc. Puis il roula une pierre à l'entrée du sépulcre.* »

La foi en Jésus donne le courage d'agir sans crainte d' être jugé par les autres. Joseph ne s'est plus caché ? il a crié sa foi par ses œuvres, de bonnes œuvres.
Il croyait en Jésus et a démontré sa foi, en allant demander le corps de Jésus. Joseph a pris part à l'accomplissement de la parole des prophètes (Esaïe 53. 9)
C'est par nos actes, que nous démontrons notre foi. Quels sont les actes qui prouvent que nous avons la foi ? Si nous nous inspirons des écritures, l'apôtre Jacques cite notre Père Abraham et Rahab la prostituée. Abraham eut confiance en Dieu en offrant son fils Isaac en sacrifice. Rahab crut au Dieu des hébreux et prit le risque de cacher les espions envoyés par Josué.

La femme qui a répandu le parfum sur les pieds de Jésus dans la maison de Simon a fait une belle action, une bonne œuvre (Luc 7.36 à 50)
Quand vous voulez accomplir une bonne œuvre, vous aurez soit une opposition interne (vos pensées, raisonnements) soit vous ferez face à une opposition externe comme dans le cas de la femme qui a oint les pieds de Jésus. Les gens pourront s'indigner comme c'était le cas des apôtres. Mais faites ce que vous avez à faire, votre seule limite est celle que Dieu vous fixera. Vous serez peut être incompris de tous, même de la part des anciens; cependant votre obéissance à Dieu vous récompensera. Si vous avez reçu la vision de Dieu de faire une bonne œuvre pour le Seigneur, ne cherchez pas des conseils auprès des personnes qui risqueraient de vous décourager. Je pense que si Sarah avait été mise au courant par Abraham, de ce que Dieu lui avait demandé de sacrifier Isaac, elle n'allait pas accepter, elle penserait même qu'Abraham serait devenu fou. Il peut arriver que Dieu demande à un des conjoints de faire quelque chose, priez sérieusement avant d'en parler à l'autre. Votre conjoint peut être un obstacle à la réalisation des plans de Dieu et de la volonté de Dieu. Tenez ferme sur ce que Dieu vous demande d'accomplir malgré les oppositions, tôt ou tard, Lui-même vous justifiera.

Si nous avons la foi, nous accomplirons des actions pour l'expansion de l'Evangile.
La plupart des chrétiens du monde francophone, ont démontré en 2010 leur foi en répondant à l'appel de don fait par une association chrétienne. Les internautes demandaient même depuis les pays très pauvres comment faire pour faire parvenir leur don? Nos cœurs étaient unis à cette opération, c'était l'affaire de tous. Cette association utilise les moyens modernes de communication pour l'évangélisation et l'expansion de l'évangile. Quelle joie de voir que Dieu avait répondu aux prières. C'est par les œuvres qu'on reconnaît que quelqu'un a la foi. Les exemples sont nombreux. La foi est agissante par l'amour. Ainsi, prendre soin des veuves et des orphelins, assister les personnes en difficultés avec vos ressources (spirituelles, matérielles, financières, votre temps etc.) sont les œuvres de foi. Vous pouvez dans votre environnement chercher à faire le bien, même une salutation, ça peut sauver une vie. Dans ma résidence, il y avait une une femme à la retraite, elle n'était pas très sociable et semblait avoir mauvais caractère, j'avais pu le remarquer lors des assemblées générales des copropriétaires. Il m'arrivait d'éprouver le désir d'aller sonner chez elle. J'avais décidé de la saluer chaque fois que je la croiserai, malgré son air renfrogné. Elle répondait à mes salutations.

Il est possible d'évangéliser silencieusement autour de nous ou dans nos maisons et familles par les actes de la vie courante. Dans Tite 3.14, la Bible dit: *« il faut que les nôtres aussi apprennent à pratiquer de bonnes œuvres pour subvenir aux besoins pressants, afin qu'ils ne soient sans produire de fruits. »* Ces besoins pressants, ce ne sont pas seulement le vêtement, la nourriture, le toit, mais également la chaleur humaine, un *sourire*.
Une personne qui a la foi et sous l'autorité d'un mari, d'un père ou d'une mère, d'un

tuteur, d'un conducteur spirituel décidera d'obéir à la voix de Dieu, malgré l'opposition des proches pour accomplir de bonnes œuvres. J'avais lu l'histoire d'une femme chrétienne dont le mari inconverti contrôlait scrupuleusement le budget familial et l'argent des courses ainsi que les tickets de caisse pour empêcher à sa femme de donner la dime à l'église ou faire des offrandes. Cette femme, parait-il, mettait de côté une petite partie des vivres, et les dissimulait afin de donner quelque chose à l'église chaque fin du mois. Ainsi quand les autres donnaient de l'argent, elle déposait les vivres, et Dieu la bénissait. Je connais une fille du Seigneur qui a été encouragée par Dieu à poursuivre l'œuvre à laquelle le Seigneur l'a appelée à accomplir, ce malgré la désapprobation de son conjoint non croyant. Dieu regarde à l'obéissance et prend le contrôle de l'œuvre. Cette femme a pris le risque d'obéir à Dieu, elle a placé sa confiance en Dieu; celui qui l'a appelée à participer à l'avancement du royaume est fidèle.

Inviter une personne seule partager votre repas de noël ou pendant les fêtes de fin d'année est un acte d'amour et de foi, car « *...ceux qui ont cru en Dieu s'appliquent à pratiquer de bonnes œuvres.* » Tite 3.8

Prendre les prémices de son salaire pour donner à l'œuvre de Dieu démontre la foi. Cependant, il est bon d'accomplir de bonnes oeuvres avec un cœur pur, Dieu regarde au cœur et non à l'apparence. Par conséquent, il convient d'agir avec un cœur pur, des motivations pures.

Chapitre 2 Avoir des motivations pures et une bonne attitude du cœur

Veillez sur votre cœur . Proverbes 4.23 dit : *« Garde ton cœur plus que toute autre chose, car delui viennent les sources de la vie ».*

Le Seigneur a continué à m'instruire, et attirait mon attention sur l'état du cœur, sur les motivations du cœur. Il me demande de nettoyer mon cœur, d'enlever les mauvaises herbes qui poussent et les pierres qui étouffent la parole , d'enlever les ronces et les épines, la jalousie et la haine, les mauvais désirs, la cupidité etc.
« C'est du cœur que viennent les mauvaises pensées,.. » Matthieu 15. 19
Le cœur est le domaine réservé de Dieu. Le Seigneur seul connaît nos cœurs mieux que nous-mêmes. Il révèle ce qui est profondément caché et enfoui. Rappelez-vous l'histoire de Anne et du souverain sacrificateur Eli : ce dernier a pris Anne pour une personne enivrée, alors que celle-ci répandait son âme souffrante devant Dieu. Dieu avait également caché à Elisée le prophète le chagrin du cœur de la femme Sunamite, avant qu'elle se présente à lui. Plus tard Elisée dira, après que la femme ait parlé de son chagrin concernant son enfant : «... *Son âme est dans l'amertume, mais l'Éternel me l'a caché et ne me l'a fait point connaître»* 2Rois 4. 27. Dieu seul connaît l'état de l'âme et peut le révéler.

Une nuit, dans un songe en 2012, peu de temps avant mon anniversaire Dieu m'a montré une messe de requiem célébrée dans une grande église catholique à Brazzaville, demandée à mon intention par une Dame que je connaissais très bien (les messes pour les morts sont pratiquées dans la religion catholique; je suivais ce dogme lorsque j'étais catholique pratiquante). Elle retirait les vêtements de deuil qu'elle portait depuis un certain temps. Dans les us et coutumes de mon pays, après le décès d'un proche, parent, ami, collègue etc les dames essentiellement peuvent choisir de porter des vêtements de deuil noirs ou délabrés jusqu' au temps fixé. Les personnes qui portent le deuil ne font plus de grandes toilettes. Au moment du retrait de deuil, pour reprendre l'habillement normal, on organise une cérémonie parfois avec faste ou on demande une messe suivie d'un apéritif offert aux invités.

Cette dame avait donc convié ses proches ainsi que quelques membres de ma famille afin d'assister à la messe en ma mémoire, mais "je ne mourrai point, je vivrais, et je raconterai les œuvres de l'Eternel" Psaume118. 17. Il y avait beaucoup de monde, tous les bancs étaient occupés. Pendant que le prêtre célébrait la messe, je suis rentrée dans la paroisse pour dire « mais je ne suis pas morte, je suis vivante! ». Quand cette personne m'a vue, au lieu de se réjouir de me voir vivante, dans son cœur c'était la fureur, la colère! Dieu m'a montré l'état de son cœur. Personne ne se doutait de rien,

les invités pensaient que cette dame me portait vraiment dans son cœur, alors que c'était tout le contraire. Votre ennemi peut demander une messe de requiem et même pleurer le jour de votre mort, Dieu seul connaît les cœurs, et sait quelles sont les personnes réellement affectées par un décès et quelles sont celles qui se réjouissent dans le fond de leur cœur. Le cœur de l'homme est mauvais, demandons d'avoir un cœur pur. Dieu est saint et ne peut demeurer là où il y a l'impureté. La parole de Dieu reçue dans le cœur fait une œuvre de purification, enlève l'amertume, la haine, le ressentiment, la cupidité, les mauvais désirs, la jalousie etc.
Veillez à avoir des motivations pures et un cœur pur.

Le Seigneur m'a enseignée à sonder mon cœur et savoir quelle est la motivation de mon cœur dans chaque action, chaque décision, dans une œuvre quelconque de la foi, et même dans le quotidien. Vous pouvez profiter de ces leçons afin de vous examiner également et avoir devant Dieu seul qui connaît les cœurs des motivations justes, saines. Pourquoi le Seigneur m'enseigne ? Je manquais de sagesse dans l'exercice des dons. J'avais très bien compris quand le Seigneur a parlé de mon indiscrétion et mon bavardage, de donner des choses saintes aux chiens.
J'ai commis des erreurs de révéler les secrets que le Seigneur m'a fait connaître à des personnes qui ne font aucun cas de Dieu. Ma bouche est l'un des grands problèmes à traiter dans ma marche chrétienne, elle m'a causé beaucoup de problèmes. Dieu nous fait la grâce de nous doter des dons, et nous révèle des choses très cachées, non pour notre satisfaction personnelle, mais pour édifier avertir son peuple. A une époque, je disais à qui voulait l'entendre ce que Dieu me montrait, sans que j'aie reçu l'ordre du Saint-Esprit de le faire. J'avais comme des démangeaisons, et je mourais toujours d'envie de raconter ce que Dieu m'a montré. Cela attriste le Saint-Esprit. J'étais vraiment insensée, cela était dû à mon ignorance et aussi à l'orgueil de monter aux autres que je recevais les choses cachées de Dieu. Parler des merveilles de Jésus est une chose, vouloir en tirer une gloire personnelle en est une autre. Dire certaines révélations à des gens ne leur fait aucun bien. Quand on connaît Jésus, on se laisse conduire par l'Esprit dans un esprit d'humilité, et tout ce qu'on fera sera pour la gloire de Dieu et non pour notre gloire personnelle. Mais Dieu est patient, il ne se rétracte pas des dons qu'il nous donne, et patiemment le Saint-Esprit œuvre et m'apprend à tenir ma langue tranquille, et à n'ouvrir mes lèvres que par sa volonté. Au début ça été très difficile, puis petit à petit, c'est en méditant la parole de Dieu, me soumettant au Saint-Esprit que je résiste à la tentation. Il m'arrive encore de tomber. De fois, pour ne pas céder à la tentation, je repasse la parole de Dieu dans mon cœur, ensuite je garde mes dents bien serrées, empêchant ainsi à ma langue d'agir, je ferme la porte à ma langue tout simplement, je n'ouvre pas mes lèvres, et ça marche!
J'ai commis des erreurs à cause de ma bouche. Depuis que j'ai commencé la rédaction de ce livre, je m'efforce à me discipliner. Sans l'aide du Saint-Esprit, il m'est difficile de garder les secrets de Dieu.

En 2008, j'avais été invitée à assister à un culte dans une assemblée en banlieue parisienne. Le message donné traitait du changement des pensées et de l'amertume. J'avais besoin de cette nourriture appropriée pour la guérison de mon âme; je suis repartie écouter les messages plusieurs fois toute cette année-là, cela m'a aidée à guérir de l'amertume, à changer mes pensées en proclamant la vérité de la parole de Dieu. Mon regard sur moi-même avait changé, mon identité en Christ m'était révélée. Je connais ma position en Christ.

Un dimanche donc, dans cette assemblée, avant que le pasteur rentre dans la salle du culte, Dieu m'a montré dans une vision claire, comment le pasteur était dans son bureau se préparant à livrer le message de Dieu. Il était en position de prière et d'adoration, vêtu d'un costume blanc. Son visage rayonnait, et cela m'avait fait penser à Moïse lorsque son visage rayonnait après avoir parlé avec Dieu. Je me demandais quelle est cette vision? Puis une quinzaine de minutes plus tard, le pasteur rentre dans la salle, et je l'ai regardé, il était habillé exactement comme dans la vision. Toute excitée et joyeuse, je dis à une dame qui était à côté, « Oh c'est comme ça que Dieu m'a montré le pasteur avant qu'il vienne dans la salle, habillé exactement comme ça, en blanc! ». Cette personne m'a regardée avec beaucoup de mépris, d'un air hautain, à tel point que j'ai regretté pourquoi je voulais lui parler des choses qu'elle ne pouvait pas saisir. Dans son regard, je pouvais lire : « mais pour qui te prends-tu? »

Qui peut maitriser la langue ? Jacques 3.7à11
Ma bouche, comme la bouche de tous les humains est la source de tant de problèmes, mais elle est aussi un canal de bénédictions si nous confessons de bonnes choses. *« La mort et la vie sont au pouvoir de la langue, Quiconque l'aime en mangera les fruits»* (Proverbes 18. 21)
Je connais une dame, lorsqu'elle était une jeune femme, dans l'âge du mariage, son fiancé l'avait abandonnée à cause de sa bouche. Lorsque dans un moment de colère, elle parlait à son fiancé, elle disait des choses horribles. Cela avait suffi pour que le jeune homme rompe les fiançailles.
Quelques années après, elle avait eu un autre fiancé qui l'a également laissée tomber, sa bouche était une véritable bombe. Elle se vantait en plus de remettre, selon elle, les gens à leur place. Sa bouche avait besoin de guérison, comme la mienne, comme la vôtre.
Votre bouche confesse-t-elle de bonnes choses?

Les africains en général ont l'art d'utiliser leur bouche, non pour bénir mais pour dire des choses très négatives. Cela doit être un lien générationnel. Vous pouvez apporter le changement dans la vie de votre famille en confessant des choses positives, de bonnes choses. Un peuple qui crie des paroles de malédiction contre ses dirigeants, ne trouvera pas le bonheur, les choses vont s'empirer, car les paroles mauvaises atteignent les destinataires. Si vous avez des dirigeants que vous maudissez matin soir par vos paroles, ne soyez pas étonnés des actes qu'ils posent. Ils sont sous le coup de la malédiction et prennent des décisions injustes, égoïstes. Au contraire si vous les bénissez, en priant pour eux afin que Dieu leur accorde la sagesse, incline leur cœur à se préoccuper du bien-être du peuple, enlève l'égoïsme, la cupidité, Dieu vous écoutera. Dieu peut incliner les cœurs, *« le cœur du Roi est comme un courant d'eau dans la main de l'Éternel; Il l'incline partout où Il veut.* » Proverbes 21. 1 Mais si le peuple ne prie pas, il est lui-même sous la colère de Dieu.

Nos bouches ont besoin de guérison. Les mots ont un pouvoir, proclamer donc les promesses de Dieu sur vos enfants et membres de votre famille avec foi et détermination, elles s'accompliront un jour. Si les parents coopèrent avec Dieu et sa parole, Dieu est capable d'accomplir ses promesses dans la vie de nos enfants tôt ou tard. Les promesses de Dieu se sont accomplies dans la vie de certaines personnes, en réponse aux prières de leurs parents, alors que ceux-ci n'étaient plus de ce monde.
Pour revenir aux reproches faits par le Seigneur sur ma bouche, Dieu m'invite à la sagesse et la discrétion, à être lent à parler, prompt à écouter.

Alors que je suis en train de relire le manuscrit à ce stade de la rédaction, j'ai été très éprouvée ce matin par mon fils aîné venu passer Noël avec nous, et j'ai dû lutter dans mon cœur demandant l'aide du Saint-Esprit pour garder un cœur calme. Il y a deux jours, j'ai beaucoup parlé, et suite à ses remarques je m'étais ressaisie et j'ai dû méditer les écritures pour triompher de la tentation, je repassais la Parole dans mon cœur. Mais alors que ce matin, en rentrant des courses, je louais tranquillement le Seigneur, j'étais calme, et j'entends mon fils me demander si certains défauts de caractère sont l'œuvre de l'ennemi. Je lui demandais pourquoi? Et il commençait à me citer un verset de la bible qui appelle péché le fait de trop parler. Un verset que je ne connais que trop bien, parce qu'il m'a aidée et m'aide à traiter ce problème. J'étais calme, sereine, n'ayant encore dit aucun mot à l'un d'entre eux, et j'ai eu droit à un cours biblique de mon fils aîné sur le péché de trop parler. Dans mon cœur, je criais à Dieu de m'aider à ne pas m'emporter, ni m'irriter. J'ai continué à prier dans mon cœur, implorant l'aide du Saint-Esprit, car je me sentais offensée. L'Esprit m'a soufflé : « L'amour couvre une multitude de péchés ». La parole de Dieu m'a aidée à ne pas dire de mauvais propos à son encontre. Ensuite j'ai prié et proclamé des paroles de bénédiction sur chacun de mes enfants. Ma bouche est appelée à prononcer des paroles de bénédiction et non de malédiction. Je n'ai ouvert ma bouche par la suite que pour dire l'essentiel. L'incident de ce matin m'a donné la détermination et la décision de traiter ce problème, d'avoir avec les enfants des conversations fructueuses.
Dieu se préoccupe de notre pureté et de notre croissance spirituelle, et voici les enseignements que j'ai reçus.

En effet, un jour j'ai reçu dans mon esprit cette parole : « Examine toujours ton cœur, s'il est pur dans ce que tu veux entreprendre? Pourquoi le fais-tu? Quel est le véritable motif? ; Le motif est-il pur aux yeux de Dieu ? Est ce que tu fais telle chose pour en tirer une gloire personnelle ? » Le Seigneur m'emmène souvent à sonder mon cœur : est ce que j'agis par orgueil ? Cherches-tu à attirer l'attention ? Est-ce pour acheter une faveur, pour satisfaire ton propre cœur? Pourquoi poses-tu tel acte ? Quelle est la raison qui te pousse à parler d'une personne ? pour médire ou pour son bien ? Cela est-il juste aux yeux de Dieu ? Est ce que je fais telle chose parce que je ne veux pas décevoir les autres ? de peur d'être jugée ou incomprise? Afin que tout le monde dise le bien de moi? Qu'est ce qu'il y'a dans le secret de mon cœur lorsque j'exerce les dons spirituels? Est-ce pour rendre gloire à Dieu ? Quand je fais le bien, c'est d'un cœur sincère? ou pour être acclamée ? Cela m'aide désormais énormément dans la marche chrétienne, tant dans ma relation avec Dieu qu'avec les autres. Aussi je me sens libre dans mes relations. « Tu connaîtras la vérité et la vérité t'affranchira » est une parole certaine. Je ne fais plus les choses juste pour faire plaisir aux hommes. Si ce que je veux faire déplaît à Dieu, je ne le fais pas ! Pourquoi et dans quel but une personne donne t-elle un témoignage? Est-ce pour rendre gloire à Dieu, édifiez les autres ? Ou pour montrer aux autres comment elle sait prier et invoquer le secours de Dieu? Pour quelle raison intercédez-vous pour telle personne, telle famille? Qu'est-ce qui vous motive, ce qui vous pousse à le faire? Est-ce pour obéir aux écritures ou pour un profit personnel? Lorsque vous vous mettez à la brèche pour plaider la cause d'une personne devant Dieu, devant le trône de Dieu, vous n'avez pas besoin d'aller lui dire ou de le publier. Cela ne devrait se faire que dans le secret de votre chambre, de votre cœur. Quand Dieu apportera sa réponse, vous bénirez le Seigneur, vous rendriez des actions de grâces, vous serez remplis de joie, sans pour autant clamer que c'est grâce à vos prières que Dieu a agi. Certains conducteurs spirituels sont plus zélés à prier pour certaines personnes que pour d'autres. Quelle est la raison cachée qui les pousse à le faire? Si un berger prie pour les brebis que Dieu lui confie et que Dieu exauce ses prières, en tire-t-il une gloire personnelle? On a aussi souvent entendu certains conducteurs s'enorgueillir des bénédictions que Dieu déverse dans la vie de son peuple. Si vous avez prié et qu'une femme stérile a pu enfanter, qu'une personne malade a été guérie, gloire à Dieu! N'attendez pas des récompenses de la part de ces personnes, c'est Dieu qui vous récompensera au moment où l'œuvre de chacun sera éprouvée. Si Dieu vous a utilisé pour conduire des âmes à Christ, ces personnes ne vous sont pas redevables, vous avez accompli la mission que Jésus a demandée à tout disciple. Réjouissez-vous d'être un instrument entre les mains de Dieu, votre récompense sera grande là-haut, ne la perdez pas en vous faisant "payer" vos dons et talents par les personnes que Dieu a touchées par votre canal. Ces âmes appartiennent à Christ, c'est lui seul qui les affranchies, vous êtes un serviteur.

Ananias et Saphira ont vendu un terrain et aux yeux des autres ils avaient fait une bonne œuvre, mais l'Esprit les avait démasqués et disqualifiés, ils sont morts pour avoir menti au Saint-Esprit (Actes 5.1à 11). Les œuvres de la foi sont accomplies sans tromperie, dans l'amour, de façon désintéressée, inconditionnelle, avec une bonne attitude du cœur.

Enfin, gardez un cœur joyeux en donnant par exemple les dîmes et les offrandes, cela plaît à Dieu. Donner la dîme en ayant un cœur lourd ou des offrandes en pensant à ce qu'on aurait pu dépenser pour ses besoins personnels est une mauvaise attitude du cœur; ce ne sont pas de bonnes œuvres de la foi. Accomplissons de bonnes œuvres, des œuvres qui ne seront pas consumées par le feu.

Chapitre 3 L'enseignement sur l'amour et la manifestation de la puissance de Dieu

Veillez à ne pas manquer d'amour dans votre cœur, marchez dans l'amour (Jean 13.34-35 et Mattthieu 5.43.) L'amour est une force, l'amour est puissant. L'amour est le don de soi, celui qui a l'amour donne.
« Dieu a tant aimé le monde qu'il a donné son fils unique , afin que quiconque croit en Lui ne périsse point, mais qu'il ait la vie éternelle. » Jean3. 16.
Pas d'amour, pas de connexion avec la puissance de Dieu. L'amour ouvre les portes de bénédictions et vous donne accès aux trésors cachés de Dieu. Le manque d'amour est une faiblesse, il ouvre la porte à l'ennemi et nous pousse à marcher selon la chair et non selon l'Esprit.

En Août 2011 à Brazzaville, le Seigneur s'est encore manifesté un matin très tôt, vers six heures, alors que nous étions en train de louer Dieu, ensemble avec ma belle-sœur et amie Astrid, venue de Kinshasa et une autre amie, venue également me rendre une courte visite avant mon retour à Paris. Quand l'une de nous s'est réveillée et a commencé à prier, nous avons quitté nos lits, d'autant plus que les belles mélodies des chants d'oiseaux du quartier Moukondo, un des quartiers populaires de Brazzaville, sont comme une invitation à se lever du lit pour louer le créateur. Tous les matins, j'étais réveillée par ces chants d'oiseaux, et c'était également le moment choisi pour prier. Je me souviens même un matin où, j'étais très fatiguée et n'arrivais pas à m'extraire du lit pour louer le Seigneur, un oiseau a quitté l'arbre chez les voisins et est venu se nicher à ma fenêtre, avec une mélodie digne d'un grand compositeur, j'étais sous le charme. C'était si beau que j'eus honte de continuer à dormir, j'ai entonné un chant d'adoration et j'ai commencé à adorer le Dieu qui a créé les oiseaux. L'oiseau s'est envolé dès qu'il a entendu le bruit causé par ma voix . Il était déjà plus de six heures.

Ce matin particulier du mois d'aout donc, lorsque nous étions en prière, dans la louange et l'adoration, Jésus nous a parlé clairement. Le Seigneur Dieu nous a donné une clé pour avoir une vie chrétienne puissante, donc victorieuse. Cette clé ouvre la porte des bénédictions.

Le Seigneur nous a appris comment manifester la puissance qui est en nous, par le Saint-Esprit 24 heures sur 24. Père voit que ses enfants s'époumonent pour demander la manifestation de la puissance du Saint-Esprit. Nous demandons ce que nous avons déjà en nous. Mais alors qu'est-ce qui empêche à la puissance de Dieu de se mettre en action? De nous donner la victoire dans notre marche quotidienne? Pourquoi nous nous débattons chaque jour dans nos relations familiales ou professionnelles ou tout simplement dans les relations avec notre prochain? C'est le manque d'amour ; nous

ne marchons pas dans l'amour.
Lorsqu' on ne marche pas dans l'amour, on devient pire qu' un incroyant, et j'en sais quelque chose.

Entre 2007 et 2010, pendant trois ans, j'étais remplie de haine, de mélancolie et de ressentiment. Mon fils aîné avait traversé des moments d'affliction en 2007, et certaines personnes proches sans montrer la moindre compassion l'ont terriblement calomnié et se moquaient de son état. Leurs médires revenaient à mes oreilles. Par la grâce de Dieu, je l'ai porté dans mes entrailles durant neuf mois et quatre jours, seule je l'ai porté pendant cette période difficile, il souffrait et je souffrais avec lui. Ses problèmes de santé avaient commencé au CANADA où il étudiait. Il souffrait la nuit, et chaque jour semblait être pour lui le dernier, mais Dieu était au contrôle. J'avais les promesses de Dieu, je coopérais avec Dieu de l'univers, j'avais fait une alliance avec le Dieu vivant le concernant depuis plusieurs années. La veille de son arrivée, dans mon rêve, il était méconnaissable avec la tête rasée à certains endroits et à d'autres comme si ses cheveux étaient coupés au couteau. Quand je suis allée le chercher le lendemain à l'aéroport de Roisssy charles De Gaulle, la réalité dépassait le rêve, j'avais devant moi un mort-vivant. Mes larmes ont commencé à couler sans que je puisse me retenir, et les mois qui ont suivi ! nous avons passé des temps difficiles. La médecine n'avait rien trouvé comme pathologie, le bilan médical ne révélait rien de grave à part un manque de fer. Dans la détresse, je me suis tournée vers Dieu et je me suis donnée corps, âme et esprit dans la prière avec le soutien de mon pasteur et de l' équipe des intercesseurs. Après d'intenses prières durant plusieurs mois, il était rétabli, et l'année suivante il est reparti à Montréal continuer ses études, à la grande surprise des moqueurs, certains n'ont pas hésité à m'appeler. Les problèmes opiniâtres de mon fils non diagnostiqués par la médecine, les railleries de certaines personnes, mes propres afflictions à la même époque, avaient fait naître en moi la haine et le ressentiment. Mon cœur était devenu très impur, et j'étais devenue la proie de l'ennemi m'attaquant par toutes sortes de maladies ; j'étais très faible tant physiquement que spirituellement. Seules la bonté et la miséricorde de Dieu m'ont sauvée. En 2010, le Seigneur m'a conduite dans un processus de restauration des relations et m'a intimé l'ordre de demander pardon à mes proches que j'avais rayés de mon cœur, et de pardonner aussi les offenses afin que je sois libre du non pardon. J'étais devenue captive de la haine, du non pardon ; ainsi la puissance du Saint Esprit ne pouvait couler en moi et au travers de moi. J'étais très vulnérable.

Le Seigneur nous a dit ce matin là : « Vous avez la puissance en vous, et si vous marchez dans l'amour, cette puissance se manifestera en vous 24 heures sur 24... » Nous n'avions pas eu besoin de plus d'explications, nos esprits avaient saisi cette parole. C'est le manque d'amour qui rend impuissant dans la marche chrétienne, dans le défi du quotidien, dans nos relations, devant les attaques et assauts de l'ennemi des âmes. L'amour permet à la puissance de Dieu de se manifester dans nos cœurs et nos

actes. Le Saint Esprit, Esprit d'amour vit en nous, la Puissance est en nous.
1Corinthiens 13 décrit ce qu'est l'amour. La parole de Dieu est un miroir, nous pouvons nous examiner et commencer à traiter notre problème, afin de marcher chaque jour dans la victoire. Connaître cette parole de l'écriture ne suffit pas, il faut la méditer et la garder dans le cœur, et la mettre en application devant les tentations, et les épreuves de foi. C'est au moment de la tentation que la parole de Dieu sera notre aide d'une grande efficacicité.

C'est lorsque nous manifestons les caractères de l'amour que la puissance de Dieu est libérée. Nous allons examiner 1Corinthiens 13. 4 à 8 dans les deux versions de la Bible du Semeur et Louis Second(dans cette dernière version on parle de la charité). A la lumière de la parole de Dieu, qui est un miroir, nous saurons pourquoi nous menons une vie chrétienne non puissante.

L'amour est patient
L'amour est patient et lent à la colère. La patience est le fruit de L'Esprit.
Il y a des personnes qui font preuve de patience devant toutes sortes de situations, mais elles ne sont pas nombreuses : provoquées, elles ne répondent pas à la provocation, injuriées, elles pardonnent ; Ces personnes ont un esprit doux et humble. Comment devenir patient ? Pour traiter l'impatience, vous vous retrouverez devant les situations qui vous mettront devant un choix : se montrer patient ou au contraire faire preuve d'impatience. Au début l'exercice n'est toujours pas facile, mais avec la détermination et la persévérence, vous pouvez y arriver. Un jour, j 'écoutais l'enseignement de Joyce Meyer sur la patience, et je ne m'attendais pas à me retrouver le lendemain dans une situation qu'elle avait décrite . Elle donnait un exemple : vous faites une longue queue au supermarché, les aiguilles de la montre tournent à grande vitesse alors que vous devez aller chercher votre enfant à la sortie des classes, ou avez un autre rendez vous très important (dans mon cas j'avais une autre course aussi importante à faire) mais quand arrive enfin votre tour, le rouleau de la machine est vide, et il faut attendre que l'hotesse de caisse inexpérimentée le remplace avant de vous servir. J'ai vécu cela , et je me suis souvenue de l'enseignement . Plûtot que de m'énerver, je remerciais le Seigneur pour le cours pratique improvisé dans ce supermarché. J'ai pris la décision d'attendre patiemment sans murmurer, ni m'énerver . En plus, dans mon cas, après que l' hotesse de caisse ait fini de remplacer le rouleau, c'était l'heure de passation de caisse avec sa collègue, j'ai attendu. Depuis ce jour, j'ai triomphé du géant d'impatience dans la plupart des cas. Je m'exerce à attendre patiemment l'accomplissement des promesses de Dieu dans ma vie.

La parole de Dieu déclare dans Romains 12. 12 **« *Soyez patients dans l'affliction. Persévérez dans la prière.* »** L'affliction est , selon la définition qu'on tire de l'encyclopédie biblique « une peine profonde, déprimante, toute douleur ou souffrance qui produit un vif chagrin .» Dans 1Thessaloniciens 3.3 la Bible exhorte

les enfants de Dieu à tenir ferme dans les les tribulations.
Les écritures recommandent de supporter patiemment les afflictions, dans le but de nous former à l'image de Christ. Nous devrions être patients dans les temps douloureux de formation de notre caractère en Christ. Comment et de quelle manière être patient dans de tels moments ? en persévérant dans la prière et la méditation quotidienne de la parole de Dieu.

L'amour est patient devant les injustices, et celui qui a l'amour ne cherche pas à se faire justice lui-même, mais s'en remet à Dieu le juste juge.

Il est plein de bonté;
Dieu est amour, Dieu est bon. La bonté de Dieu est proclamée et démontrée avec puissance dans les écritures et se manifeste dans nos vies. La bienveillance ! c'est le caractère de Dieu. Peut-on trouver de la bonté en l'Homme ? Dans la Bible il ya des personnages reconnus pour être bons, je citerai Job ,Boaz, Ruth etc. L homme peut être bon comme il peut être mauvais ou méchant comme Nabal, le mari d'Abigaïl (lire son histoire dans 1Samuel 25). Les écritues nous enseignent dans Matthieu12.35 que : « *l'homme bon tire de bonnes choses de son bon trésor, et l'homme méchant tire de mauvaises choses de son mauvais trésor.* ». Ainsi les personnes ayant de la malice dans le cœur ou hypocrites sont mauvaises. « *L'homme bon fait du bien à son âme, mais l'homme cruel trouble sa propre chair.* » Proverbes 11.17 .Veillons à avoir un bon cœur, purifié par l'eau de la parole.

l'amour n'est pas envieux;
L'envie et la jalousie sont soeurs. C'est la convoitise à la vue des choses d'autrui qui fait naître l'envie, c'est un péché. C'est par envie que beaucoup de gens amassent des biens, cumulent des richesses. C'est par envie que certaines personnes ont fait des carrières qui ne sont pas dans leur destinée, d'où les frustrations malgré la réussite professionnelle et sociale. C'est par envie que certains hommes et femmes de Dieu ont délaissé leur appel et ministère pour faire ce que Dieu ne les a pas appelés à faire. Que dit la Bible ? « ... nous avons des dons differents, selon la grâce qui nous a été accordée ... » Vous avez été appelé à un ministère , exercez-le selon l'analogie de la foi, selon la mission que Dieu vous a confiée. Vous êtes un héros de Dieu dans l'ombre ? Bénissez le Seigneur et servez-le avec joie. Plusieurs personnes se sont autoproclamées pasteurs, apôtres, évangélistes, docteurs etc ou ont été établies par des Hommes, Dieu ne les connait pas. Si une entreprise ne vous a pas embauché et que malgré tout, vous y allez travailler alors que vous ne figurez pas sur la liste du personnel, vous travaillez en vain ! vous n 'aurez pas de rétribution, même si vous êtes zélé. C'est par envie que les gens font des choses insensées, ils convoitent la maison du voisin, la femme du voisin, les richesses du voisin(Exode 20.17).

J'ai vu dans mon pays des personnes s 'endetter juste pour acheter la dernière voiture à la mode, mener une vie au dessus de leurs moyens pour paraître comme les autres.

Si on faisait la balance entre les biens achetés et cumulés et les dettes, le pauvre n'a rien à leur envier ; ce dernier dort en paix et non tourmenté. Une dame m'a fait le reproche un jour quand je rentrais des vacances: elle me disait qu'il était injuste que ma famille et moi partions en vacances en Europe chaque année, alors que les travailleurs de la société du chef de famille n'étaient pas payés à temps. Mais je ne fis aucun cas de ses paroles, mettant cela sous le coup de la jalousie. Ce n'est que quelques années après, que je fus attentive à la voix d'une servante de Dieu qui me parla presque dans les mêmes termes, et rajouta : « les cris de ces travailleurs et leurs familles montent vers Dieu ». C' était sérieux. Ayant étudié et vécu en France, partir en vacances en Europe ou dans le monde était pour moi un style de vie ; faire des courses d'été pendant les soldes à Paris faisait partie de l'agenda annuel, ce même au détriment des choses plus importantes. C'est la convoitise des yeux, de la chair, et l'orgueil de la vie. L'amour n'est point envieux. Je connais un homme qui par envie s'est orienté dans une carrière qui ne lui était pas destinée, et des années plus tard, cet homme était frustré et confus, c'était l'échec. Examinons nos cœurs, si nous faisons certaines choses juste pour imiter les autres ? Et traitons le problème à la lumière de la parole de Dieu.

L'amour ne se vante point, ou ne cherche pas à se faire valoir(version du Semeur) , il ne s'enfle point d'orgueil.

Le fait de se vanter, est défini par l'encyclopédie biblique comme une vaine et présomptueuse louange qu'on se déscerne à soi-même . Les personnes vantardes donc, qui cherchent à se faire valoir (Romains1.30, 2Thimothée3.2) sont forcément orgueilleuses. Rappelons nous de la parabole du publicain et du pharisien. Ce dernier persuadé d'être juste, faisait une prière arrogante devant le Dieu Saint, tandis que le premier reconnaissant humblement devant Dieu son état de pécheur, n'osait même pas lever la tête. Le publicain a obtenu miséricorde, a été justifié. Dieu fait grâce aux humbles et résiste aux orgueilleux. Dieu a élevé le publicain devant les anges, et a abaissé et disqualifié le pharisien(Luc 18. 10 à 14). Dieu hait la vantardise : « Jusqu' à quand se vanteront-ils ? » le Psaume 94.4 .
L'amour ne s'enfle point d'orgueil. L'orgueil enfle une personne comme la levure qui fait lever la pâte. Les pharisiens étaient des religieux, très orgueilleux à cause de la connaissance intellectuelle de la loi(la loi de Dieu n 'était pas dans leur cœur). L'orgueil est le péché qui a chassé Lucifer du ciel. C' est un péché, vous devriez le combattre, c'est l'ennemi de votre élévation divine. « Toute plante que n'a pas plantée mon Père celeste sera déracinée »Matthieu 15.13 devrait être une proclamation et une prière à faire avec foi et persévérance concernant l'orgueil. Désirez-vous plaire à Dieu ? Ôter la racine de l'orgueil de votre cœur dès qu'il se manifeste. Il y a un homme que je rencontre souvent dans l'enceinte du site de notre assemblée le dimanche quand je vais au culte, rien que sa manière de marcher et de parler révèle qu'il est rempli d 'orgueil. Il n ya pas que les riches et les intellectuels qui soient orgueilleux, le pauvre n'est pas exempt de ce péché . Certaines personnes

n'ont rien dans la vie tout simplement parce qu'elles refusent de faire un travail qui, selon elles, n'honorerait pas ou serait avilissant, alors qu'elles n'ont aucun diplôme ni aucun savoir faire.
Les ressortissants des contrées le long du fleuve Congo déclarent souvent préférer pêcher ou vendre du poisson, plûtot que de se faire embaucher comme femme de ménage ou cuisinier ou pour de basses besognes chez quelqu'un. C'est une forme d'orgueil. D'autres personnes au contraire,par vanité, ont des ambitions qu'elles ne peuvent satisfaire. J'ai lu de l'orgueil dans la vie de mon fils cadet lorsqu'il s'est entêté à vouloir être orienté dans une série où les matières principales ne sont pas ses points forts. J'ai commencé à prier pour lui afin qu'il ne se trompe pas de voie dans ses études, juste pour vouloir faire comme les autres. L'orgueil peut également pousser une personne à agir de façon stupide, ou à regarder les autres comme si elle était au dessus de tous les Hommes. Soyez humbles, lorsque Dieu vous a dotés de capacités et talents exceptionnels.

Il ne fait rien de malhonnête ou d'inconvenant.
C'est en puisant dans la parole de Dieu chaque jour que nous deviendrons des personnes honnêtes. Rendre la monnaie à la vendeuse lorsqu'elle s'est trompée dans les comptes, vous donnant plus d'argent qu'il ne fallait par exemple, c'est de l'honnêteté . Reconnaître ses erreurs et ses torts de façon sincère, c'est être honnête. Quand vous n'êtes pas dotés de talents que Dieu a donnés à quelqu'un d'autre, ne l'imitez pas. Avouer à Dieu vos faiblesses en demandant la grâce de changer, c'est de l'honnêteté.Vous pouvez honnêtement dire à Dieu, lorsqu'il vous demande de faire quelque chose, de pardonner à votre bourreau par exemple, que vous n'y arrivez pas s'il ne venait à votre secours pour le faire ! Dieu aime les personnes honnêtes et sincères dans leur cœur, et qui désirent vraiment le changement. Les gens obscurs sont en horreur à l'Eternel. Beaucoup d'hommes et de femmes d'affaires sont malhonnêtes dans leurs relations d'affaires. J'ai rencontré des gens malhonnêtes dans l'exercice de la profession d'avocat, les clients comme les parties adversaires, sans oublier les juges et les avocats. J'évoluais dans un monde où être malhonnête ne dérangeait personne, au contraire, c'était au plus malhonnête de l'emporter. Un jour, j'ai reçu un client avec les membres de sa famille pour défendre leurs intérêts, mais après que les autres soient partis, mon client revient me voir seul. Il me demandait de ne pas révéler aux autres le montant exact des paiements attendus. J 'ai fait ce qu'il m'avait demandé, alors que j'étais libre de refuser. Cette affaire m'a tourmentée après, et pendant des années. Cet homme ne voulait pas partager équitablement avec les autres membres de la famille, et j'avais pris part à son entreprise malveillante. Une autre fois encore, je me suis rendue compte, tardivement, qu'une personne que je connaissais dans la ville, m'avait fait nommer par le médiateur juidiciaire comme la personne chargée de recouvrer les fonds successoraux auprès d'un organisme public, or c'était dans le but de duper les autres membres de la succession. Faisant confiance à cette personne, je lui remettais les sommes d'argent contre une décharge, les autres ayants droit ne touchaient pas leur part, je n'en savais rien. Je faisais des

rêves où je voyais une femme quinquagénère, autre ayant droit, venir se plaindre, repartait au tribunal ou m'attaquait . Je n'y comprenais rien jusqu 'au jour où j'ai su trop tard que mon client était malhonnête vis-à-vis des autres membres de la famille. J'ai du écrire au médiateur et renoncer à mon mandat. Dans toutes ces affaires, ma conscience commençait à me parler. J'ai eu la paix après plusieurs années, lorsque le Seigneur a commencé à traiter à la lumière de sa parole mes problèmes rencontrés dans ma carrière d'avocat, par le renoncement aux œuvres mortes et une repentance sincère .
Dans les débuts de ma vie chrétienne , j'étais souvent testée dans les actes de la vie courante. Un samedi, je me suis rendue au marché. Il y a des personnes que je croisais et qui me saluaient pour m'avoir vue au tribunal, je ne les connaissais pas forcément. Donc, même au marché je pouvais être reconnue sans le savoir. Mieux, les vendeurs au marché ont le don reconnaître les personnes de conditions sociales assez aisées et pratiquaient les prix différents à la tête du client. Un samedi donc , je me rendis au marché pour faire les courses de la semaine. Une dame vendait du poisson de bonne qualité, très frais et je désirais en acheter ; le prix était excessif, je marchandais , mais elle ne consentit à baisser le prix qu' un tout petit peu. Je lui remis un billet, et elle me rendit la monnaie . Quand j'ai pris l'argent, j'ai compté la monnaie rendue et remarqué qu'elle s'était trompée me donnant plus qu'il ne fallait. Je ne dis mot et me réjouissais dans mon cœur de ma « vengeance » sur son prix exagéré, et je suis partie pour continuer mes courses. A peine que je fis une dizaine de pas, mon cœur commençait à battre très fort, j'ai fait demi-tour et je suis revenue auprès de la marchande de poisson restituer le surplus d'argent .

J'étais parfois très négligeante dans la « reddition » des comptes d'autrui lorsqu 'on me demandait de rendre un service. S'il restait très peu d' argent, je trouvais que c'était insignifiant et je négligeais de faire des comptes exacts. Il m 'est arrivé, lorsque Dieu a commencé vraiment à me tailler et m'apprendre à devenir honnête, dans les petites choses comme dans les grandes choses, à faire la restitution en bénissant une personne à qui j'avais causé du tort (à son insu)lui rendant un mauvais service. Je voyageais chaque année pour la France et des proches pouvaient me demander de leur faire des achats. Une connaissance m' avait demandé de lui rendre un service : lui acheter en France une tenue de sortie d' un type particulier. Ne trouvant pas ce que cette personne désirait, c'était la fin des soldes, je lui achetais un tailleur classique qui ne lui plût pas. Il restait même un peu d'argent à lui rendre, je n' en fis rien . Cinq années après cette histoire, j'étais tourmentée ! mais que faire ? Repartir vers la personne ? je ne pouvais le faire ? Je suis allée vers le Dieu miséricordieux qui était d'ailleurs à l'origine de mes tourments(l'Esprit nous convainc du péché). Je me suis repentie et j'ai dû bénir la personne par un don de vêtements neufs de qualité. Mon cœur était enfin en paix. Le Saint Esprit m'aide toujours lorsque je suis tentée, je ne tombe plus de façon consciente dans la malhonnêteté. Dieu m'a changée, je fais les comptes honnêtement désormais, je donne exactement le montant des dépenses quand il me faut rendre des comptes. Je m'exerce avec la grâce et l'aide de Dieu d' être honnête avec Dieu et avec autrui.

Il ne cherche point son intérêt,
L'amour recherche le bien des autres, l'amour n'est pas égoïste. Les enfants de Dieu font souvent des prières égoïstes centrées sur leurs besoins et ceux de leur famille, mais ne pensent pas aux intérêts de Christ, et aux problèmes des autres.

Il ne s'irrite point, (ou il ne s'aigrit pas contre les autres, version le Semeur)
L'amour n'est pas irritable et n'a pas un tempérament colérique, sauf devant le mal. Jésus est doux et humble ; cependant l'unique fois dans la Bible où il s'est mis en colère, c'est lorsqu'il a renversé les tables des changeurs, et les sièges des vendeurs de pigeons avec un fouet et chassé du temple tout ceux qui trafiquaient (Matthieu 21.12). Notre esprit peut s'irriter devant l'adoration des idoles ou à la vue d'une ville pleine d'idoles(Actes17.16). Dans les écritures, chaque fois que la colère de Dieu s'est enflammée , c'est devant la rebellion ou l'idolâtrie, après plusieurs avertissements à son peuple ou pour se venger de ses ennemis. Il y a une colère dite, par les milieux évangéliques, « sainte » comme celle de Dieu, et ce n'est pas de cette colère dont il est question . L' amour ne s'irrite pas devant les provocations et le mépris. Jésus ne s'est pas irrité quand les pharisiens venaient le provoquer pour l'éprouver.

« Ne te hâte pas en ton esprit de t'irriter, car l'irritation repose dans le sein des insensés. » dit l' Ecclesiaste7.9 Il ya un passage que Dieu a souvent utilisé lorsque je me mettais en colère, pour me ramener dans le bon sens, c'est le psaume 37.8 : *« laisse la colère, abandonne la fureur ; ne t'irrite pas, ce serait mal faire. »* C 'est l'antidote utilisé par le potier pour donner une forme à l'argile que je suis entre ses mains, afin d'en faire un vase d'honneur utile à son maître. Devant la réussite des méchants, ne vous irritez pas.
Chaque fois que je m'irrite ou m'explose de colère, je ne me reconnais pas, les paroles blessantes sortent de ma bouche et le diable se réjouit. Heureusement, Dieu m'a fait la grâce d'être sensible à l'Esprit. Je ne reste pas fâchée longtemps, je fais en sorte de restaurer l'atmosphère et de ramener la paix. L'amour ne garde pas la colère à toujours, il lache prise la colère et l'irritation. L'amour est miséricordieux et compatissant.

Il ne soupçonne point le mal,(l'amour ne trame pas le mal ou ne tient pas compte du mal, le Semeur)
Je suis de nature suspicieuse, et il est difficile que je ne soupçonne pas le mal chez les autres, surtout lorsque je sais que la personne ne marche pas dans la crainte de Dieu. L'amour croît le meilleur, il est attaché au bien.

Il ne se réjouit point de l'injustice(l'injustice l'attriste,version du Semeur*).*
L'amour s'attriste là où il y a l'injustice. Qui attristons-nous quand nous posons des

actes d'injustice ? C'est le Saint Esprit! Devant les injustices, un cœur rempli d'amour s'attriste. Si votre cœur se réjouit devant l'injustice, examinez-vous.

L'amour se réjouit de la vérité (la vérité le réjouit, version du semeur)
Les pharisiens ne supportaient pas d'entendre la vérité, et ne voulaient pas connaître la vérité. Leur cœur était froid manquant d'amour. Ils ne pouvaient se réjouir de voir devant eux Celui qui est la vérité.

Il excuse tout, il croît tout (en toute occasion, il pardonne il fait confiance, le Semeur)
L'amour excuse l'inexcusable, pardonne l' impardonnable. Il donne toujours une autre chance. L'amour ne s'enferme pas dans une bulle pour éviter d' être offensé ou blessé à nouveau. Il excuse les fautes et croît que l'homme peut changer, qu'un cœur dur peut être brisé par le marteau de la parole de Dieu.
Il espère tout,
L'amour espère contre toute espérance.

Il supporte tout (il persévère, le Semeur).
L'amour supporte les souffrances inhérentes à notre choix de suivre le Christ, et de marcher selon le style de vie du disciple de Jésus Christ.
La parole de Dieu nous exhorte à nous supporter les uns les autres avec amour (Ephesiens 4. 2 à 3). L'amour supporte les personnes d' un caractère difficile, et persévère à aimer inconditionnellement . L'amour nous aide à avoir une bonne attitude du cœur, dans nos relations familiales, professionnelles, ou entre membres d 'une même assemblée. C'est certain ! nous avons des caractères differents les uns les autres .
Au début de ma marche avec Jésus, je lisais souvent 1Corinthiens 13 et décidai de mettre en pratique ce caractère de l'amour « il supporte tout ». Je commençai à supporter les autres, à supporter d'être injustement traitée, à donner sans attendre de retour. Quand je marchais dans l'amour, mon cœur était en paix, malgré les désagréments qui se présentaient dans la vie quotidienne. Mes attitudes et comportement de femme intellectuelle et orgueilleuse dans le foyer avaient changé, mon cœur ne ressassait plus les mauvaises choses. Trompée, je pardonnais ; calomniée, je me tournais vers Dieu, rabaissée, je fixais mes yeux vers celui qui élève au temps convenable. Quelques années plus tard, lorsque j'ai cessé de méditer 1Corinthiens 13, j'ai regressé, j'étais à l 'antipode de la parole de Dieu et ai expérimenté le poison de l'amertume. La parole de Dieu doit être entretenue et gardée dans le cœur , rien n'est acquis ; nous devons persévérer à faire ce qui est bien continuellement.

L'amour ne périt jamais, n'aura pas de fin. Il ne s'éteint pas, il est éternel.
Seul l'amour humain peut s'éteindre, il est temporel, il peut même se convertir en haine. Ainsi des amis d 'hier peuvent devenir des ennemis d'aujourd' hui. Le manque

d'amour est une brèche ouverte à l'ennemi, et ne permet pas à la puissance de Dieu d'agir en nous. Après avoir reçu cette parole du Seigneur sur le manque d'amour qui bloque la manifestaion de la puissance de Dieu, j'ai essayé de la partager avec d'autres personnes par la suite. Une mère qui était persécutée par son propre fils, avait du mal à accepter cette vérité . Elle reconnaît pourtant que la parole de Dieu est la vérité, mais qu'elle avait du mal à l'appliquer dans ses relations familiales. Elle s'était écriée: « Comment ? Aimer une personne qui vous veut du mal! ». Si nous aimons Jésus, nous obéirons à sa parole même si elle est dure pour la chair. Par notre manière de vivre et notre amour nous pouvons évangéliser par le moyen des actes. Dieu nous enseigne et nous instruit pour former notre caractère à l'image de son Fils. C'est au pied de Jésus, et le cœur ouvert à sa parole que l'Esprit de la grâce fait son oeuvre. Le malheur m'atteint souvent, le vent souffle également souvent dans ma vie, des évènements douloureux se présentent dans le jardin de ma vie. Le choix de suivre Jésus m'a coûté des choses précieuses , cependant mon attitude devant les problèmes change par rapport au passé. Je peux aimer ceux qui me causent du tort, c'est un choix, une décision. L'amour de Dieu dans notre cœur nous donne la compassion devant les faiblesses des autres, nous pousse à faire le bien sans se lasser.

Quatrième partie La Sagesse pour demeurer sur la montagne sainte(Psaume 15)

« Demandez-moi l'intelligence de comprendre le Psaume 15 » nous dit le Seigneur pendant cet entretien. La pensée claire de Jésus était de rechercher sa face dans la prière, de méditer et de demander la révélation par le Saint-Esprit. Nous avons besoin de sa lumière pour saisir le message du psaume 15.
Aussitôt après que le Seigneur ait pris « congé » de nous, nous avons ouvert nos Bibles pour lire.

Quelques mois après sa première visite, nous avions reçu une deuxième parole, Jésus nous demandait de méditer le Psaume 24. Les chapitres 3 et 4 attirèrent particulièrement notre attention, du fait de la similitude et de la complémentarité avec le Psaume 15. Alors je me suis arrêtée pour m'examiner. Si le Seigneur insistait, c'est qu'il y avait d'abord un travail à faire sur nous-mêmes. C'est le Saint-Esprit qui convainc du péché. Je demandais au Seigneur de sonder mon cœur et de me révéler l'impureté qui s'y trouvait, de m'aider à traiter le problème dans ma propre vie. Je ne remplissais pas tous les critères des Psaume15 et 24 : la colère remplissait mon cœur, le mensonge était encore de temps en temps sur mes lèvres, la médisance, les critiques, les jugements, les promesses non tenues se pointaient devant moi ; il y avait un travail à faire en moi-même. Laissez aussi le Saint-Esprit vous convaincre et œuvrer en vous, vous deviendrez cette perle rare, le disciple, cette épouse qui se prépare. Dieu est capable d'emmener à la perfection ce qu' il a commencé dans Jean 3.16.

Chapitre préliminaire Qui aura Dieu pour refuge et demeurera en sa présence ?

« Ô Éternel qui séjournera dans ta tente? Qui demeurera sur ta montagne sainte? »
Séjourner selon le dictionnaire Le Petit Larousse signifie demeurer, résider quelque temps en un lieu. Demeurer veut aussi dire habiter. Les deux notions, séjourner ou demeurer, sont proches.

Une tente est un abri en toile, c'est l'habitation utilisée par les nomades au désert. Les enfants d'Israël, pendant toute leur marche dans le désert, ont habité quarante ans sous les tentes. La tente les protégeait du soleil le jour, des vents et tempêtes du désert, et du froid nocturne. Ainsi la tente est une figure de refuge . Vivre sous la tente de Dieu, c'est avoir Dieu comme refuge et forteresse, contre les vents et tempêtes divers qui peuvent souffler dans la vie d'un être humain. Quand on séjourne dans la tente de Dieu on est en sécurité. *« Oh combien est grande ta bonté, que tu tiens en réserve pour ceux qui te craignent... Tu les protèges sous l'abri de ta face contre ceux qui les persécutent, tu les protèges dans ta tente...* » Psaume 31.20-21. Pendant mon voyage en Israël, avec notre groupe, après la visite de Massada avant de nous rendre à Jérusalem, nous avons passé une nuit dans le désert de Judée avec les Berbères. Il était prévu au départ que nous dormirons dans des tentes, mais à notre arrivée quelle déception! Un groupe d'élèves israéliens de dix à douze ans environ, en classe de découverte, ayant occupé toutes les tentes, nos hôtes nous conduisirent dans de petits bungalows, loin du tohu-bohu des jeunes. Maigre consolation, le patriarche nous a reçus, avant le dîner, autour d'un feu prendre le thé, afin de nous conter l'histoire des Berbères et la vie au désert. Nous étions assis en cercle à la manière des nomades sur des sortes de tapis, une soirée à l'orientale très détendue et agréable.

Dans sa tente et à l'abri de sa tente, le Seigneur Dieu Tout Puissant assure notre protection contre toute forme de mal.
La montagne sainte c'est le saint des saints, la demeure de Dieu, le trône de Dieu, le trône de la grâce, lieu de rencontre avec Dieu, de la communion intime avec un Dieu saint, grâce au sang de Jésus.
Demeurer sur sa montagne sainte, c'est vivre chaque jour en sa présence glorieuse. Nous sommes assis avec Christ dans les lieux célestes (Éphésiens 2. 6)
Comment atteindre la montagne sainte? L'une des clés nous est donnée dans Hébreux 4.16. Je m'approche avec assurance du trône de la grâce, donc par la prière, par le jeûne. La prière est le seul moyen d'entrer en contact avec le Dieu très Haut : « Invoquez-moi » est une invitation que Dieu nous donne tout au long des écritures. Pour rencontrer Dieu et demeurer en sa présence, il nous faut nous préparer, Dieu est saint on ne peut entreprendre d'escalader une montagne sans préparation. Gravir la montagne n'est pas chose aisée, il y a des obstacles auxquels nous devons faire face, il y'aura des épreuves, les mains peuvent se blesser. Il peut même arriver que nous glissons vers le bas, et nous pouvons effectivement chuter, mais il est impératif de s'accrocher à la solide corde, se cramponner à notre foi. Notre foi en Dieu, pendant l'ascension de la montagne, nous protègera contre les attaques et les ruses de l'ennemi, c'est notre bouclier.

Il est important de bien se préparer pour chercher à rencontrer son Dieu, Dieu est saint, et rien de souillé ni d'impur ne peut entrer dans son royaume. Prenez avec vous 1 jean 1. 9, et le Saint-Esprit vous conduira à bon port pour le louer et l'adorer ensemble avec les anges. Après la résurrection, Jésus a demandé à ses disciples de le rencontrer sur la montagne qu'il leur avait indiquée. Quand ils le virent, ils l'adorèrent (Matthieu 28.16 a-b). Sur la montagne sainte, Dieu nous donne ses révélations, communique ses pensées, ses désirs, et peut nous montrer sa gloire. C'est sur la montagne que Moise a reçu les tables de la loi ; c'est aussi sur la montagne que Dieu nous demandera de lui sacrifier notre Isaac, Genèse 22. 2. Qui est notre Isaac? Quelqu'un ou quelque chose (biens matériels, maison carrière, ambitions égoïstes etc.) qui a pris trop de place dans notre coeur, notre vie, au point de détourner notre attention du Dieu très Haut. Dieu veut la première place, et nous demandera notre Isaac qui a pris tant de place dans notre vie. Ainsi, nous lui offrirons ce sacrifice, si nous l'aimons. Abraham a obéi et a dit à ses serviteurs qu'il allait à la montagne de l'Éternel pour adorer. Un sacrifice est un acte d'adoration. Il est beaucoup plus facile d'offrir à Dieu les sacrifices qui sont le fruit de nos lèvres qui confessent son nom (même dans ce domaine le diable a lié les lèvres de certaines personnes qui ne rendent pas à Dieu la louange qui lui est due.) que de sacrifier notre Isaac. Cependant notre obéissance nous ouvrira des portes de bénédictions insoupçonnées. Dieu honore ceux qui lui obéissent. Certaines personnes qui réussissaient dans leur carrière ont tout arrêté un jour pour obéir à la voix de Dieu. D'autres sont bénies parce qu'ils vivent pleinement dans la volonté de Dieu, et marchent sur la route tracée par Dieu. Lorsqu'Abraham a obéi, Dieu a juré : « *Je le jure par moi-même, parole de l'Éternel !parce que tu as fait cela, et que tu n'as pas refusé ton fils, ton unique, je te bénirai et je multiplierai ta postérité comme les étoiles du ciel, et comme le sable qui est sur le bord de la mer; et ta postérité possédera la porte de ses ennemis ». Toutes les nations voudront être bénies en ta postérité, parce que tu as obéi à ma voix*. (Genèse 16 à 18). En acceptant de sacrifier notre Isaac, Dieu nous comblera de toutes sortes de bénédictions et multipliera nos possessions. Votre postérité possédera la porte de ses ennemis, c'est la supériorité sur ses ennemis. Samson qui possédait la porte de ses ennemis, l'a arrachée et emportée sur ses épaules(Juges 16. 3). Lorsqu'on possède la porte de ses ennemis, ceux-ci prendront la fuite alors même qu'ils s'étaient mis en embuscade contre vous. L'Esprit de Dieu était sur Samson et épouvantait ses ennemis; l'Esprit de Dieu en nous, Esprit de puissance et de force fera fuir les Philistins qui s'acharnent contre nos vies. A la montagne sainte, notre obéissance à Dieu, à sa parole, nous fera triompher dans l'adversité.

Chapitre 1 Celui qui marche dans l'intégrité et pratique la justice

Qui est celui qui marche dans l'intégrité? Le livre des proverbes, le livre de la sagesse parle de celui qui est sage et intelligent, l'opposant à l'homme insensé ou méchant. Jésus a dit à Nathanaël: « *Voici vraiment un Israélite auquel il n y a point de fraude* » Jean 1. 47. Dieu connaît nos cœurs et il sait tout de nous. L'homme intègre marche dans le droit chemin, fait ce qui est juste et droit devant Dieu, devant les hommes. La droiture est dans son cœur. Il ne marche pas dans la fausseté.

« L'Éternel dit à Satan: as-tu remarqué mon serviteur Job? Il n y a personne comme lui sur la terre; c'est un homme intègre et droit, craignant Dieu et se détournant du mal. Il demeure ferme dans son intégrité… » Job 2. 3.

Pour définir l'intégrité, nous nous baserons sur la parole de Dieu. Que disent les écritures sur l'intégrité? Voyons la qualification que le Seigneur donne à Job dans Job 1.1. Par conséquent, il ressort que l'homme intègre craint Dieu, et se détourne du mal. La crainte de l'Éternel est le commencement de la science ou de la sagesse (Proverbes 1. 7).

Que signifie la crainte de l'Éternel? Elle n'a rien avoir avec la crainte qui est la peur, mais elle a un rapport avec le respect envers Dieu, l'obéissance à Dieu. C'est une crainte révérencielle, que nous devrions avoir, envers Dieu notre Père Céleste, créateur et maître de l'univers. La crainte de l'Éternel nous éloigne du péché et nous attire vers la lumière. La crainte de l'Éternel donne la sagesse. Lisons dans proverbes 2: 1 à 5 *« Mon fils, si tu reçois mes paroles, et si tu gardes avec toi mes préceptes, si tu rends ton oreille attentive à la sagesse, et si tu inclines ton cœur à l'intelligence; oui si tu appelles la sagesse, et si tu élèves ta voix vers l'intelligence…alors tu comprendras la crainte de l'Éternel ».*

La crainte de Dieu vient lorsque nous recevons sa parole, la gardons.
Dans le livre des proverbes, toujours au chapitre 3 versets 7 et 8, cette crainte donne la santé pour les muscles et un rafraîchissement pour les os. La crainte de l'Éternel donne une bonne santé du corps physique. Le péché peut donc être à l'origine de certaines maladies.

Proverbes 9.10: *« Le commencement de la sagesse, c'est la crainte de l'Éternel »*;
Proverbes 8.13 *« La crainte de l'Éternel c'est la haine du mal,.. »*
Proverbes 10. 27 : *« La crainte de l'Éternel augmente les jours… »* Dieu avait rajouté quinze années de vie à Ezéchias (2 Rois 20. 6). Dieu ajoutera les jours à ceux qui craignent son nom, combien même l'ennemi s'acharne pour chercher à leur ôter la vie. Proverbes 11.3 dit : *« L'intégrité des hommes droits les dirige, mais les*

détours des perfides causent leur ruine. L'intégrité guide l'homme sur la bonne voie. »

Proverbes 10.29 : « *La voie de l'Éternel est un rempart pour l'intégrité, mais elle est une ruine pour ceux qui font le mal.* »
« Proverbes 11. 5 « *La justice de l'homme intègre aplanit sa voie…* »
Proverbe 11.20b « *ceux dont la voie est intègre lui sont agréables* »
Proverbes 14.2 « *celui qui marche dans la droiture craint l'Éternel mais celui qui prend des voies tortueuses le méprisent* »
Proverbes 14. 27 : « *La crainte de l'Éternel est une source de vie…* »
Proverbes 28.14 « *heureux l'homme qui est continuellement dans la crainte! Mais celui qui endurcit son cœur tombe dans le malheur.* »
Proverbes 31.31 « *La femme qui craint l'Éternel est celle qui sera louée* »

La crainte de l'Éternel nous donne la vie, la sagesse, l'intelligence, la réflexion, la sécurité, la victoire sur le péché, sur la chair.

Celui qui pratique la justice fait ce qui est agréable à Dieu, ses œuvres sont justes devant Dieu. Que signifie pratiquer la justice selon Dieu?

D'abord celui qui pratique la justice est un homme droit et juste devant Dieu, il ne cherche pas ses propres intérêts, mais les intérêts du royaume. Il fait ce qui est juste, non pas pour obtenir un quelconque avantage, mais pour servir et être utile à son maître Jésus-Christ. Celui qui pratique la justice marche dans la droiture du cœur, ses pensées sont alignées sur la parole de Dieu, et sa vie est une adoration.

Il ne suit pas les voies obscures, et son cœur n'est pas corrompu, il pose des actes de justice devant Dieu et devant les hommes. Il craint l'Éternel: Job, Daniel sont de ces hommes-là.

Chapitre 2 Qui dit la vérité selon son cœur

De tout temps, les hommes ont vécu dans le mensonge. La parole de Dieu confronte chaque être humain à un moment de sa vie. Comme c'est facile de mentir, et difficile de dire la vérité. Le péché du mensonge lie les Hommes et beaucoup d'enfants de Dieu. J'ai été mise à nu par l'Esprit de Dieu et j'ai décidé de combattre le mensonge. J'ai dû crier à Dieu dans la prière, pour que mon âme soit délivrée du péché de mensonge ; je le traite toujours lorsqu' il se révèle. Avant ma conversion, je mentais et trichais sans que cela me pose un cas de conscience. Tout le monde ment à tout le monde. L'exercice de la profession d'avocate avait fait renforcer le péché de mensonge. Les faits d'un dossier sont relatés de manière à tirer avantage pour le client, ainsi donc, extrapoler les faits, ou écrire des allégations fallacieuses, cela fait partie des moyens pour défendre son dossier. Mais c'est du mensonge au regard de la Bible. C'est incroyable! Aujourd'hui, quand j'écoute les avocats, lorsqu'ils sont interviewés par les journalistes au sortir d'une audience par exemple, ou quand ils plaident, combien je me rends compte comment le mensonge est si bien dit! Je détecte toujours le mensonge dans la bouche des avocats lorsqu'ils plaident ou parlent à la presse pour le compte de leurs clients ; des comportements qu'à l'époque je trouvais tout à fait normaux, cela ne me dérangeait pas du tout. Je ne vois plus les choses de la même manière.

Qu'est-ce que la vérité? Qui détient la vérité?

Sans chercher à faire une étude sur cette notion, nous essayerons de la définir en se fondant sur les écritures. La parole de Dieu est la vérité . Jésus Christ a dit « *Je suis le chemin, la vérité, et la vie.* » (Jean14.6); « *vous connaîtrez la vérité, et la vérité vous affranchira* » (Jean 8.32). La vérité c'est croire en celui qui a été envoyé par le Père. Si vous voulez connaître la vérité, vous devez la chercher dans la Bible. Un exemple: l'origine du monde fait l'objet de polémique et de controverse scientifique et religieuse ; le monde serait créé à la suite un cataclysme de la matière, que l'homme serait la descendance d'une espèce de singe etc. Or la Bible nous dit que Dieu a créé le monde et l'univers entier par sa parole (livre de la genèse) ; l'homme a été créé par Dieu, c'est ça la vérité. Ce que Dieu dit est la seule vérité. Cependant dans ce verset du Psaume 15, la vérité dont il est question concerne aussi l'attitude du cœur de l'homme, sa façon de vivre, la vérité par opposition au mensonge. Le père du mensonge c'est le diable a dit Jésus, à ceux qui refusaient d'écouter et de recevoir les paroles de vérité.

« La langue véridique est affermie pour toujours, mais la langue fausse ne subsiste qu'un instant. » Proverbes 12.19
Abraham, Isaac et Jacob ont péché par le mensonge de père en fils. Tel père, tel fils, un lien de mensonge, un péché de la maison du père d'Abraham. L'esprit de

mensonge les avait rendus captifs de génération en génération. Certaines personnes qui mentent, leurs grands-parents avant eux, mentaient déjà. Que n'ai-je entendu: « Cet enfant a hérité du mensonge de son aïeul, il ment comme il respire… »

« *Les lèvres fausses sont en horreur à l'Éternel, mais ceux qui agissent avec vérité lui sont agréables* » Proverbes 12. 22. Le mensonge ne subsiste pas toujours, la vérité se manifestera tôt ou tard.

L'homme qui ne trompe pas par sa langue et ses lèvres, demeure constamment en la présence de Dieu ; sa communion avec Dieu n'est pas interrompue. La Bible dit que : « *C'est de l'abondance du cœur que la bouche parle* » (Matthieu 12. 24 ; Luc 6.45). Quand la langue profère le mensonge, que les lèvres distillent la tromperie, cela provient du cœur, l'âme est malade liée par le péché du mensonge. Le Seigneur dans sa bonté et sa miséricorde m'a fait la grâce de me révéler ce péché de mensonge. Je ne voyais que les « gros mensonges » des autres, jamais mes « petits mensonges ». Et Dieu a permis que ce péché soit mis à nu. Ce que je trouvais comme des excuses ou des moyens de m'en sortir, étaient du mensonge. A une période, quand Dieu a commencé à traiter ce péché du mensonge, chaque jour je commençais à mentir ou à dire des semi-vérités, et cela m'a effrayée. Je ne me reconnaissais pas, le vrai moi, était mis à nu. Quand je mentais, ma communion avec Dieu était coupée, je n'arrivais plus à prier tant que je ne m'étais pas repentie. Prier ou faire des requêtes à Dieu demande de se repentir de tout péché, demandons à Dieu sa miséricorde. Le Saint-Esprit ne s'est pas arrêté là, chaque fois que je mentais, je ressentais un malaise profond, et je demandais aussitôt pardon à Dieu et la grâce de dire la vérité. Le Seigneur utilise souvent mes propres enfants pour me ramener à dire la vérité. Il y a quelques jours, une personne voulait avoir des informations sur mes projets, je lui ai répondu par une semi-vérité, et j'entends mon fils qui me dit « maman pourquoi tu as menti! »; j'ai voulu me justifier, mais j'ai dû reconnaître que j'avais menti et j'ai demandé pardon à Dieu et à mon fils d'avoir menti. J'étais si misérable, ô Seigneur délivre moi par ta grâce. Le Saint-Esprit est à l'œuvre. A une époque, quand mon fils aîné me reprochait de ne pas dire la vérité sur certains faits, je me mettais en colère, et lui disais qu'il me manquait de respect. Mais, il ne lâchait pas, et me reprochait de mentir. Le Seigneur désire enrayer tout mensonge de ma langue et de mes lèvres au quotidien, délivrer mon âme de ce péché afin de marcher dans la vérité. Le père du mensonge c'est le diable, or je suis une nouvelle créature, née de l'Esprit. La chair doit être crucifiée, je suis morte au péché. Il y avait une semence de mensonge dans mon cœur et j'avais besoin de délivrance, d'ôter la racine du mensonge de ma vie. C'est difficile à admettre, mais beaucoup de chrétiens mentent encore, y compris certains bergers qui paissent le troupeau de Dieu. La méditation de la parole appropriée nous aidera à triompher du mensonge, ainsi que la délivrance des liens de mensonge hérités (souvenez-vous du même mensonge commis par Abraham et Isaac, et plus tard Jacob a trompé son père, lui a été trompé par son oncle Laban). Dieu nous instruit et sa parole vient pour guérir du mensonge, c'est une maladie de l'âme. Je m'efforce avec l'aide du Saint-Esprit et grâce à la méditation de la parole à ne plus mentir. Si je ne souhaite pas dire quelque chose, je ne le dis pas, plutôt que de mentir. Beaucoup de chrétiens mentent encore consciemment ou inconsciemment en tordant la vérité, par des tromperies de toutes sortes. Le mensonge d'Ananias et Saphira leur a coûté le jugement de mort instantanée, prononcé par Dieu. On ne peut et on ne doit mentir au Saint-Esprit, et lorsqu'il nous convainc du péché, repentons-nous, l'Esprit de vérité connaît tout. Or plusieurs personnes (j'étais parmi ces personnes) cherchent à justifier leur mensonge « si j'ai dit ceci ou cela, c'est parce que je n'avais pas d'autres choix! (Si, nous avons le choix) c'est parce que je n'avais pas d'autre solution (si ! Jésus Christ est la solution, il a dit : ne vous inquiétez de rien voir Philippiens 4.6); si je dis la vérité cela ne me profitera pas, je n'aurai pas certains avantages etc. » La parole de Dieu est la solution pour triompher du mensonge.

« Tourne ta langue sept fois avant de parler ; sois lent à parler » dit la Bible. Que le Seigneur nous délivre de la langue trompeuse et des lèvres mensongères; ce sont des prières à faire avec foi quotidiennement. Devant la tentation, proclamons la parole de Dieu, choisissons de dire la vérité ou de se taire afin d'éviter de dire des mensonges. Avant ma conversion, il m'arrivait de prendre part au mensonge d'une autre personne par mon compromis. Je savais, par exemple, que la personne mentait pour rendre des récits agréables, et je ne disais rien, je participais ainsi au péché d'autrui. Le péché de certaines communautés ou familles, c'est le mensonge, comme pour d'autres l'orgueil.

L'Esprit de Dieu est l'Esprit de vérité. Si nous marchons par l'Esprit, et si nous nous soumettons à l'Esprit, nous serons conduits dans la vérité. Le mensonge est dans la vielle nature qui doit être chaque jour crucifiée.
Quand j'étais adolescente, j'ai assisté à une scène entre mon frère et son jeune fils de quatre ou cinq ans. En Afrique, après le repas de midi, en général, les gens font la sieste, soit avant de retourner travailler soit pour vaquer à d'autres occupations dans l'après-midi. Mon frère avait besoin d'un peu de repos, et dit à son fils : qu'il ne souhaitait pas être dérangé pendant tout le temps de sa sieste. Si un visiteur passait le voir, que son fils dise « papa est sorti » (notre maison familiale est située dans un quartier populaire de Brazzaville, près d'un marché et des commerces, et les amis et parents proches ou élargis habitaient le même arrondissement ; ainsi toute la journée, des personnes rentraient chez nous juste pour une salutation ou pour faire la causette. C'était très animé.)

Peu de temps après, un membre de la famille élargie et ami de mon frère vint à la maison et désirait le voir. Il demanda à mon neveu où était son père. Celui-ci répondit tout naturellement et calmement « papa dort, mais il a dit de dire à toute personne qui voudrait le voir qu'il n'est pas là, qu'il est sorti ». Cela était fréquent dans les familles, un mensonge communautaire, voire national, même moi lorsque je ne désirais pas une visite, j'allais me cacher et je faisais dire que je ne suis pas là.

Lorsque mon frère s'est réveillé (après une heure de sieste environ) nous lui avons rapporté ce que son fils a dit à son ami, et de la gêne que nous avions tous éprouvée. On apprenait ainsi à l'enfant de mentir, comme on nous l'avait appris de génération en génération. Ce mensonge, comme je l'ai dit est fréquent, et tout le monde s'en accommodait ; personne n'en voulait à personne. C'était ancré dans les mœurs, les échappatoires qui arrangeaient la vie de tout le monde, contre les visites indésirables ou impromptues. Aujourd'hui grâce à Dieu, je me sens libre en Christ, et capable de dire avec sagesse, amour et courtoisie la vérité à une personne ou me taire pour éviter de blésser quiconque. Dire la vérité avec sagesse, préserve la paix avec notre prochain. Nous devons faire écrouler les forteresses du mensonge par des prières ferventes, par la méditation de la parole de Dieu et en veillant sur nos paroles.

La Bible nous recommande de pratiquer la vérité. Il m'est arrivé par le passé d'être calomniée par une personne, proférant le mensonge sur des faits que je n'avais pas commis. J'ai été jugée et critiquée (et même rejetée sans que je le sache, parce que la personne auprès de qui j'avais été calomniée ne voulait plus avoir de relation avec moi). Ma réaction était de me tourner aussitôt vers Dieu afin de puiser la force de pardonner. J'ai prié et pardonné dans mon cœur, je n'ai pas retenu l'offense. J'ai pris le risque de prendre Dieu qui sait tout, à témoin. J'étais en paix, Dieu sait que je suis innocente et cela me suffit, même si le monde entier me croit coupable. Dieu sait tout et connaît nos cœurs, et si ma conscience ne me reproche rien, je ne me laisse pas troubler par les commérages. Je m'en remets à Dieu dans une telle situation, je ne demande pas de vengeance. Et « On ne jette des pierres que sur un arbre qui porte des fruits », c'est un dicton.

Lorsque j'étais enfant, avec mes compagnons de jeu, nous jetions des pierres sur des manguiers ou utilisions des perches pour cueillir des mangues. Les manguiers stériles n'étaient jamais visités, les enfants ne s'intéressaient nullement à un arbre censé porté du fruit mais qui n'en avait pas. Cet arbre servait uniquement d'ombrage contre le soleil. Chaque matin pendant la saison des mangues, les propriétaires « maudissaient » l'arbre qui faisait tomber des feuilles et des bourgeons stériles, et donc donnait une peine inutile, car il aurait fallu balayer les feuilles qui tombaient. Dieu finit toujours par justifier ses enfants qui sont accusés injustement, il est le juste juge. Comme j'ai été blessée par ces propos mensongers contre ma personne, j'ai prié et demandé à Jésus le grand médecin de panser les blessures de mon cœur, et de les cicatriser. Jésus guérit les cœurs blessés. Le Saint-Esprit nous console, et nous donne la paix. J'ai la connaissance que Dieu guérit les cœurs affligés, et je prie, je crie à Dieu et Jésus me guérit. Lorsque nous mettons la parole de Dieu en pratique c'est pour notre bien. Pardonner l'offense vous évite de souffrir. Le non pardon est source d'amertume, de mélancolie, de haine, je sais de quoi je parle, je suis passée par là.

La personne qui m'avait calomniée avait peut-être elle-même été trompée, et a cru que je lui avais causé du tort. Lorsque le mensonge n'est pas traité, il prend d'énormes proportions et cela deviendra une habitude. Un mensonge entraîne un autre, c'est un cycle infernal et destructeur.

La vérité commence dans le cœur. Lorsque le cœur est attaché à la vérité, les paroles reflètent l'état du cœur. Mais certaines personnes pleines de malice sont capables de dire des paroles « mielleuses » alors que le cœur est mauvais, rempli de haine, elles ont la malice dans le cœur. Abel ignorait la haine que Caïn éprouvait contre lui dans le cœur; Joseph ne savait pas que ses frères le haïssaient, à cause de ses rêves, des visions de sa destinée.

Chapitre 3 Il ne calomnie point avec sa langue

Le péché de mensonge et celui de la calomnie sont proches.
La calomnie a blessé et blesse beaucoup de cœur.

La calomnie est définie par le dictionnaire Le Petit Larousse comme une fausse accusation qui blesse la réputation, l'honneur. La blessure est morale et émotionnelle. Une langue calomnieuse est une arme qui inflige des blessures, et les paroles blessantes sont des flèches. Le but de la calomnie est de saper la réputation de quelqu'un, de souiller son honneur. Plusieurs vies ont été détruites à cause de la calomnie. A une époque quand j'étais victime de calomnie, j'appelais les personnes auprès de qui j'avais été calomniée pour me défendre, clamer mon innocence. Bien au contraire, cela ne faisait que renforcer leur opinion (erronée) sur moi. Cela me blessait si profondément, et je me lamentais jusqu'à ce que ça produise l'amertume dans mon cœur. L'amertume est un poison qui suscite la colère et la haine. Gloire soit rendue à Dieu, le Saint-Esprit m'a montré l'impureté de mon cœur, par la grâce divine j'ai écouté une prédication sur l'amertume et sur le changement des pensées. Dieu envoie sa parole pour guérir. Désormais lorsque je suis calomniée, je m'en remets à Dieu qui connaît la vérité, je ne me défends plus, je parle à Dieu qui en son temps me justifiera ou non . Bien que choquée, je m'en remets à celui qui juge justement, je garde la paix. Dieu connaît la vérité. S'il y a une infime part de vérité dans cette calomnie, je me présente également devant la croix pour traiter le problème et s'il est possible de réparer, je réparerai. Prendre part à des conversations sur la vie des gens ou parler des autres ouvrent la porte au péché de commerages ou de calomnie. Il y a beaucoup de mensonges qui sont dits sur les gens. Le journalisme est un métier dans lequel on trouve ce péché de calomnie et de mensonge. Plusieurs personnes sont blessées parce que calomniées dans les journaux et sur les ondes. Certaines personnes ont mis fin à leur jour à cause d'un scoop des journalistes, des mariages ont été brisés à cause des photos « compromettantes » publiées par des magazines à sensation. Aujourd'hui le phénomène face book a jeté comme une poudre dans le monde entier la calomnie à travers les continents. Une calomnie faite dans face book arrive partout dans tous les continents en même temps. Ce n'est pas seulement par la langue qu'on calomnie mais également par les écrits et messages divers. Heureusement que les moyens de communication modernes utilisés à bon escient comme pour la cause de l'évangile sauvent beaucoup de personnes.

Chapitre 4 Il ne fait point de mal à son semblable, et ne jette point l'opprobre sur son prochain

Il ne fait point de mal à son semblable.
L'homme qui craint l'Éternel ne médite point le mal contre son prochain. Il ne tend pas des embûches. La Bible déclare *«Ne médite pas le mal contre ton prochain, lorsqu'il demeure tranquillement près de toi»* Proverbes 3. 29. Caïn tua Abel, et a commis le premier meurtre sur terre, parce qu'il a entretenu de mauvaises pensées dans son cœur contre son frère. La Bible dit encore *« Aimez vos ennemis, bénissez ceux qui vous haïssent... »* Matthieu 5.44. Humainement, il est impossible d'aimer son ennemi, ni de le bénir. Cependant ce qui est né de la chair est chair, ce qui est né de l'Esprit est esprit. Lorsque nous avons cru, le Saint-Esprit est venu habiter en nous et a répandu l'amour de Dieu dans nos cœurs. Une nouvelle créature est capable d'aimer son ennemi et de bénir ses persécuteurs. Le chrétien est conduit par les lois divines. Dieu qui est Amour habite en nous par son Esprit, nous pouvons aimer si nous le décidons.

Comment peut-on faire du mal à son semblable?
Quand on ne fait pas le bien qu'on sait faire. Par exemple quand un frère ou une sœur rétrograde et s'éloigne de Dieu, notre mission est de prier pour lui, ou de l'exhorter avec amour, et s'il ne nous écoute pas, nous le présenterons à Dieu dans nos prières. Or la plupart du temps, cela devient un sujet de médisance, et de commérages. Surtout lorsqu'un serviteur de Dieu « tombe », tout ce que nous trouvons c'est de le critiquer ou le calomnier, au lieu de prier. Il arrive que certains serviteurs soient dans le mirage de l'ennemi qui les persécute par des faits mensongers et des calomnies à travers les langues des gens. S'il s'avérait que les faits étaient réels, l'amour de Dieu, sa bonté et sa miséricorde en nous devraient nous pousser à avoir un cœur brisé et à prier. Cela me concerne la première.
Dans le sermon sur la montagne Jésus dit *« Tout ce que vous voulez que les hommes fassent pour vous, faites-le de même pour eux, car c'est la loi et les prophètes. »* Matthieu 7. 12. Personne n'aime être blessé, alors ne faisons pas aux autres ce que nous ne voulions pas qu'on nous fasse.

J'étais chrétienne et j'étais encore très charnelle. Un jour, à Pointe-Noire au Congo, pendant les préparatifs du mariage d'un des pasteurs de notre assemblée, j'ai tenu des propos très durs à une jeune sœur. Je l'avais blessée par mes paroles. Elle était très blessée, et m'en a fait le reproche aussitôt. Le Saint-Esprit était attristé, et j'étais très malheureuse par la suite, mais le mal était déjà fait, comment l'effacer? J'ai vraiment regretté mes méchantes paroles, j'ai demandé pardon à Dieu. Mais comment faire pour réparer cela auprès de la sœur? J'étais également encore remplie d'orgueil et je n'ai pas tout de suite demandé pardon à la sœur. Je faisais partie du groupe des femmes chargées d'organiser le mariage, et de superviser le travail. L'une de mes responsabilités consistait à veiller sur les boissons et nourriture des invités. Pendant que nous préparions des gâteaux et des petits fours, la sœur avait soif et sans m'en demander la permission, elle s'est servie dans le stock mis dans le congélateur pour les invités. Il y avait de l'eau du robinet dans la cuisine du lieu de réception loué par les mariés, mais il faisait très chaud à cause des fours et feu de gaz, et du soleil d'aplomb à l'extérieur (c'était le mois de décembre et donc une période très chaude à cette heure de l'après-midi).La sœur voulait juste boire de l'eau fraîche. Ma réaction était très vive et disproportionnée, et je lui ai ainsi parlé: « Sœur Untel ne sais-tu pas que ces bouteilles d'eau sont réservées pour les invités? Il y a bien de l'eau du robinet, est-ce que toi, dans ta vie, tu es capable de t'acheter une bouteille d'eau minérale? » (L'eau minérale n'est pas à la portée de tous dans nos pays d'Afrique, la plupart des foyers consomment de l'eau du robinet). Mes paroles sont parties comme des flèches empoisonnées, et ont atteint la sœur en plein cœur, elle gémissait; je l'avais blessée, humiliée. Or la Bible dit que *« Celui qui se moque du pauvre, outrage celui qui l'a fait »* (Proverbes 17. 5). La sœur me répondit avec peine et une grande envie de pleurer « Ah maman Sylvie (les femmes ou hommes d'un certain âge sont désignés par « maman » ou « papa » et nous avions continué avec cette culture dans nos assemblées en Afrique) pourquoi me parles-tu ainsi? » je lisais toute la peine de son cœur sur son visage. La flèche était déjà tirée. Pourtant cette jeune sœur, je l'aimais bien et le Seigneur me l'avait confiée pendant un certain temps afin qu'elle ne retourne pas dans le monde, elle menait une vie très difficile, avec un petit garçon, sans travail et sans ressources. J'avais honte de ce que je venais de dire, j'étais un peu étonnée des paroles qui sont sorties de ma bouche. *« C'est de l'abondance du cœur que la bouche parle »*Matthieu 12.34. Quel était mon problème?

Mon âme était noire, et des liens anciens n'étaient pas encore brisés, je tuais les autres avec ma langue. Je ne contrôlais pas mes paroles, je disais ce que je voulais dire, j'étais charnelle. Je me suis repentie, puis par la suite j'ai demandé pardon à la sœur. J'avais réalisé que je pouvais être très gentille par moment, et me montrer très méchante dans mes paroles à certaines occasions. Mon cœur était impur, ce qui sortait de moi pouvait blesser comme un glaive. Je bénis le Seigneur pour l'œuvre que le Saint-Esprit fait progressivement dans ma vie. Les langues qui blessent ont besoin de guérison, comment ? En s'attaquant au problème à la racine, à la source. Examinez-vous, si votre langue blesse, il y a un mauvais fond qui doit être traité. La méditation de la parole de Dieu ainsi que la délivrance par des prières appropriées sont nécessaires, et c'est là qu'on rentre dans le combat spirituel pour s'attaquer aux forteresses érigées dans nos vies par l'héritage ou l'environnement. Le cœur doit être purifié en demandant au Père dans le nom de Jésus de déraciner dans notre vie, dans notre cœur, ce qu'il n'a pas semé. Le jeûne et la prière seront nécessaires pour pleurer à Dieu. Vous pouvez faire votre propre délivrance si vous connaissez l'art du combat spirituel et si vous avez acquis une certaine maturité spirituelle, ou faire appel aux ministres de la délivrance et dénoncer les œuvres des ténèbres qui se manifestent en

vous. Dieu nous donnera un cœur nouveau purifié par l'eau de la parole, et un esprit nouveau. Par le Saint-Esprit nous sommes capables de marcher en nouveauté de vie, cependant *« Et personne ne met le vin nouveau dans de vielle outres... »* (Marc 2.22).
La parole de Dieu nous recommande ceci : *« ne rendez point mal pour mal, surmontez le mal par le bien.. »* (1 Pierre 3.9); *« Ne rendez à personne le mal pour le mal »* (Romains 12.17) Remettons notre sort à Dieu lorsque nous sommes outragés, méprisés, offensés. Le chrétien doit marcher dans ce monde selon les lois divines, les lois du royaume.

« Ne te réjouis pas de la chute de ton ennemi et que ton cœur ne soit pas dans l'allégresse quand il chancelle, de peur que cela ne Lui (Dieu) déplaise, et qu'il ne détourne de lui sa colère » Proverbes 24. 17-18. Une fois, je m'étais réjouie dans mon cœur devant la chute d'une personne qui m'avait persécutée et fait du mal pendant des années. Aussitôt le Saint-Esprit m'a rappelé ce verset des Écritures. Dieu avait combattu en ma faveur dans l'invisible, et avait définitivement réglé son cas à cette personne, l'exposant à la confusion, la honte et l'ignominie. Rendons gloire à Dieu lorsqu'il nous a délivrés de nos ennemis, cependant ne nous réjouissons pas du malheur des autres. Le Saint-Esprit m'a souvent rappelé cette parole de Proverbes, lorsque mes ennemis tombent, cela m'empêche de pécher. Chaque fois que des pensées de « réjouissance » du malheur de mon adversaire venaient dans mon esprit, je confessais la parole dans Proverbes 24, et c'est ainsi que j'ai triomphé devant la tentation. C'est à Dieu la vengeance et la rétribution.

Tout ce que l'homme trouve à faire, à chercher tous les jours c'est comment réussir sa vie, et dans cette course effrénée pour les biens matériels et la notoriété, beaucoup écrasent les autres sans pitié pour parvenir à leur fin. Vanité des vanités, tout est vanité, tout passera, et un jour le corps retournera à la poussière ; tout ce qu'on aura cumulé, restera et passera entre les mains des autres. L'homme a la mémoire courte, il ne semble réfléchir que devant la mort. Quand on sait que toute chose passera, beaucoup de gens ne devraient même plus être méchants après. J'étais étonnée dans mon pays, comment certains jeunes étaient insouciants devant la mort au moment des funérailles ! Ils se comportent dans les lieux des obsèques comme s'ils étaient dans un lieu de fête. Ceux-ci s'exhibent de façon très obscène, qu'il est difficile aux oreilles sensibles d'écouter et aux yeux purs de regarder, ou de rester longtemps à cet endroit. Par ailleurs, les jeunes femmes font de grandes toilettes, vont se faire belles dans les salons de coiffure, espérant y trouver l'âme sœur parmi la foule. C'est carrément une insulte faite à la famille en deuil. Le mal est partout aujourd'hui. Ne médite pas le mal contre ton prochain et ne souhaite aucun malheur à quiconque. Lorsqu'il m'arrive d'éprouver de la jalousie dans mon cœur devant la bénédiction ou le succès d'une personne, je combats farouchement cet esprit, je ne le tolère pas une minute de plus dans mon cœur. Je fais tout de suite appel au Saint-Esprit d'inonder mon cœur et m'aider, je recherche dans mon cœur la parole de Dieu qui dit bénissez, réjouissez-vous. Je dénonce le péché dans mon cœur, je bénis par de bonnes paroles la personne, et cet esprit s'enfuit, loin de moi.

Et ne jette point l'opprobre sur son prochain.
L'opprobre est défini comme une réprobation publique qui s'attache à des actions jugées condamnables, c'est une cause ou un sujet de honte (Dictionnaire Le Petit Larousse). Certaines personnes peuvent connaître l'opprobre à cause des actes qu'ils ont eux-mêmes posés et qui sont réprouvés publiquement. Un homme pris en flagrant délit d'adultère connaît l'opprobre, lorsque le mari jaloux lui confisque ses vêtements, et ne sachant comment ressortir sans vêtements? Un voleur connaît l'opprobre lorsqu'il est livré par le propriétaire, victime du vol, à la vindicte populaire et doit répéter « Je suis un voleur, j'ai volé telle chose » (eh oui cela est fréquent en Afrique); une famille connaît l'opprobre lorsque leur fille est victime d'accident en compagnie d'un amant alors que le mari la croyait au marché ou rendant visite à ses parents. Quelle confusion? Un homme de Dieu ou une servante de Dieu connaît l'opprobre lorsqu'il ou elle est traduit(e) devant les tribunaux et reconnu(e) coupable du délit d'escroquerie. Cependant le verset dont s'agit parle de jeter l'opprobre sur son prochain. De quelle manière cela peut-il se faire? Quelques exemples pourront être cités mais la liste n'est pas exhaustive. Qui connaît ses égarements? L'amour de Dieu couvre une multitude de fautes, celui qui a l'amour couvre, ne divulgue pas dans le but de jeter l'opprobre. Couvrir ne signifie pas accepter le péché ou l'excuser, mais agir de telle sorte que la personne ne soit pas humiliée dans un but de rabaissement. Dieu hait le péché, mais il aime le pécheur, crée à son image. C'est le péché qui doit être traité, et non la personne qui doit être rabaissée. Lorsque j'étais adolescente, j'ai suivi une conversation d'adultes suite à un fait tragique dans une famille. Celle-ci avait perdu une jeune fille adolescente à cause de l'humiliation dont elle avait été l'objet. La jeune adolescente menait une vie libertine, faisant honte à sa famille. Un membre de la famille avait alors pris un jour la décision de lui retirer tous ses vêtements, et de l'exposer toute nue au regard des passants; elle était attachée, livrée en spectacle, ne pouvant s'enfuir. C'était soi-disant, la correction infligée pour la ramener sur le droit chemin. Elle avait été humiliée, elle a connu l'opprobre. Lorsque la punition a été levée, la jeune adolescente a ingurgité des médicaments, elle s'est suicidée.

Lorsque j'avais entre sept ou huit ans, une jeune femme mariée à un membre de la famille élargie prétendait être enceinte. Le mari travaillait dans des bateaux, et donc voyageait souvent. Tout le monde la croyait enceinte, puis le mari a fini par se rendre compte que c'était une véritable supercherie, elle portait une fausse grossesse. La femme portait des chiffons. Puis le mari l'a livrée en spectacle au public de tout un district, elle était huée par toute la foule. On a demandé à la foule, notamment aux enfants de la suivre dans toutes les rues principales, en chantant derrière elle, un chant improvisé : « Enceinte d'une fausse grossesse, son bébé c'est un chiffon! ». C'était la fin de ce couple, les époux se sont séparés, la jeune femme est retournée dans sa famille, humiliée, rabaissée.

La Bible dit dans Proverbes 4.14 à 16 « *N'entre pas dans le sentier des méchants, et ne marche pas dans la voie des hommes mauvais, évite-là, n y passe point; détourne t'en et passe outre. Car ils ne dormiraient pas s'ils n'avaient fait tomber personne* ». Ne nous mettons pas ensemble avec des gens remuants. La femme attrapée en flagrant délit d'adultère, et emmenée vers Jésus a failli être lapidée selon la loi de Moïse. Tous ceux qui ont jeté l'opprobre sur elle étaient aussi pécheurs, leur conscience les a accusés lorsque Jésus a dit *« Que celui de vous qui est sans péché jette le premier la pierre sur elle. »* Jean 8. 7. Notre rôle consiste à prier les uns pour les autres, et non à s'ériger en juge. Rappelons-nous que les Écritures disent: *« Car on vous jugera du jugement dont vous jugez, et l'on vous mesurera avec la mesure dont vous mesurez »* Matthieu 7. 2. Le Saint Esprit a attiré mes regards dans ce verset, lorsque j'ai critiqué et jugé une personne qui m a déçue. Ma vie n'avait plus de secret pour cette personne, je lui avais fait confiance, mais à la fin, j'ai été très déçue. J'ai passé plusieurs semaines à la critiquer, à faire des commérages sur sa personne, et à la juger. Chaque fois que j'ouvrais ma Bible pour lire ou méditer, je tombais sur ce passage de Matthieu . L'Esprit convainc du péché, je me suis repentie.

Chapitre 5 Il regarde avec dédain celui qui est méprisable

D'autres passages de la Bible nous aideront à comprendre ce verset et à le saisir. Celui qui a la crainte de Dieu méprise les œuvres des méchants, et ne fait aucun cas de celui qui marche dans les chemins ténébreux (Proverbes 2. 13). L'homme qui est agréable à Dieu *« ne marche pas selon le conseil des méchants, ne s'arrête pas sur la voie des pêcheurs et ne s'assied pas en compagnie des moqueurs »* Psaume1.1 Il méprise ceux qui dédaignent les réprimandes de Dieu (proverbes 1. 30). Dieu dit dans sa parole *« Mon fils, si des pêcheurs veulent te séduire, ne te laisse pas gagner…Mon fils ne te mets pas en chemin avec eux, détourne ton pied de leur sentier… »* Proverbes 1.10 et 15. L'homme méprisable tient des discours pervers, ne suit pas les sentiers de la droiture, trouve son plaisir dans la jouissance à faire le mal, prend des routes tortueuses. (Proverbes 2. 12 à 15).

La vie est un combat de tous les jours, et la vie chrétienne est un défi quotidien entre le vrai et le faux, le bien et le mal. Celui qui veut demeurer en la présence de Dieu doit éliminer tout compromis de sa vie. Nous devons appeler le mal comme tel, désigner le péché par son nom, et ne point faire de compromis avec ce que le monde nous miroite et nous présente. Toute chose passera, seule la parole de Dieu ne passera pas. Les Écritures disent que nous sommes la lumière du monde, et nous le sommes en réalité, même si plusieurs l'ignorent. Le rôle de la lumière est d'éclairer tout ce qui est autour. Notre mission est de briller au milieu de notre génération, par des actes de justice afin que plusieurs soient gagnés à Christ. Le chrétien bien qu'étant dans le monde n'est pas du monde, il est gouverné par les lois du royaume. La sagesse nous exhorte : « ne porte pas envie aux hommes violents, et ne choisis aucune de ces voies. Car l'Éternel a en horreur les hommes pervers ». Nous sommes appelés à obéir à Dieu.

Dans le livre des Proverbes, Dieu parle de deux types d'hommes: le juste et le méchant ou l'insensé. L'homme juste craint Dieu, pratique la justice, reçoit les instructions divines, observent les commandements. L'homme méchant ou l'insensé quant à lui méprise l'instruction, il marche sur un chemin qui mène au bout à la ruine ou la perdition. Demandons à Dieu dans la prière, et au Saint-Esprit de prendre le contrôle des relations que nous entretenons avec les gens. Toute relation n'est pas bonne à entretenir ou à garder. Il y a des personnes qui ne font que passer dans votre vie, ne les retenez pas; certaines seront utilisées par Dieu pour nous aider à atteindre notre objectif. D'autres sont des personnes que Dieu a placées pour notre sécurité spirituelle. Les pasteurs veillent sur nos âmes. Il est donc important de prier que Dieu nous donne des pasteurs selon son cœur, qui se préoccupent du bien-être du troupeau que Dieu leur confie. Le Seigneur peut nous séparer des gens avec qui nous avons marché pendant des années, si telle est sa volonté, pour notre propre bien. Mais force est de constater combien nous nous attachons aux gens dans le seul but d'éviter soit la solitude, soit le rejet. Dans la vie d'une personne, il y a des saisons, et le type de relations que nous devrions avoir dépendent parfois également des saisons de notre vie. Le Seigneur nous « séparera » d'une personne qui a l'apitoiement de soi lorsqu'il veut nous guérir de ce manque d'estime de nous-mêmes, il l'éloignera de nous dans le but d'éviter une mauvaise influence. Si une personne a une faiblesse quelconque, marcher avec les personnes ayant les mêmes faiblesses ne l'aidera pas. Un voleur qui se détourne de cette voie, par sa nouvelle naissance, ne peut changer en restant en compagnie des voleurs; une personne aimant des commérages ne changera pas tant qu'elle fréquente les commères. Dans la détresse, nous avons besoin des paroles de foi et de fortification, et non des paroles négatives qui nous enfonceront encore plus dans notre affliction. Un enfant de Dieu aimera la compagnie d'autres enfants de Dieu dans le but de glorifier Dieu dans leurs paroles, actions, de bénéficier des grâces diverses que Dieu déverse sur chacun(e) de ses fils et filles. La vie en Europe est très difficile pour les ressortissants des pays comme les nôtres, à cause de la solitude. Le style de vie occidentale d'individualisme est durement vécu par les africains. Il m'arrive de ne pas reconnaître mes voisins de palier à l'arrêt de bus alors que je vis dans la même résidence depuis 2007. Certains cybercafés et taxiphone en Europe vivent grâce aux appels téléphoniques quotidiens des ressortissants africains et étrangers qui se connectent à leur famille et amis pour rompre la solitude. Dans nos églises, la communion fraternelle est loin d'être le modèle des apôtres. Et même quand on crée des cellules de maison pour favoriser cette communion par petits groupes, celle-ci ne franchit pas la porte, une fois la réunion terminée. Cependant pour notre équilibre psychique et spirituelle, Dieu peut nous donner des amis avec lesquels nous partagerons de bons moments, qui nous assistent et soutiennent dans les temps difficiles, sans intérêt, de façon inconditionnelle, comme le veut l'amour de Dieu et vice versa. Dans l'accomplissement de notre destinée, en dehors de la famille, Dieu place sur notre route des personnes qui seront des aides dans le plan de Dieu, pour notre vie. L'homme a été créé pour vivre en société et non seul. Nous pouvons prier pour demander à Dieu de nous donner des amis selon son cœur, et nous donner le discernement de choisir des amis qui feront avancer les rêves de Dieu dans notre vie. Le Saint-Esprit est capable de faire le tri de nos relations. Cela ne signifie pas que ceux qu'Il exclut du lot soient mauvais, mais simplement qu'ils ne font pas partie de la chaîne ; ils sont les maillons d'une autre chaîne. Il m'est arrivé de me retirer volontairement et difficilement d'une amie avec laquelle j'entretenais de bonnes relations avant ma conversion, parce que nous étions toujours enclines à des critiques ou des médisances. Je me suis retirée, jusqu'à ce que je traite ce problème devant Dieu. Aujourd'hui je peux avoir avec cette amie des conversations saines. 2 Corinthiens 5.17 dit *« Si quelqu'un est en Christ, il est une nouvelle créature, les choses anciennes sont passées; voici toutes choses sont devenues nouvelles »*. Une nouvelle créature doit revoir le type de relations qu'elle entretient. Que dans nos relations, Christ soit toujours glorifié, honoré. Tout ce que vous faites en paroles ou en action faites-le pour la gloire de Dieu. Dieu ne nous demande pas de quitter le monde, nous sommes dans le monde, mais de ne point marcher selon les standards et modèles du monde . Recherchons la compagnie des personnes qui ont la crainte de Dieu et qui nous édifient, qui marchent dans l'intégrité, des personnes qui aiment Jésus, aiment sa parole , 2 Corinthiens 6. 15. Si nous avons des amis qui n'aiment pas notre Dieu, qui sont incrédules et blasphématoires, nous ne pourrions marcher ensemble Proverbes 29.27.

Dieu nous recommande d'aimer tout le monde, notre prochain, Dieu aime toute sa créature. Il a mis en nous les paroles de la réconciliation ; et notre mission est de témoigner Christ par nos paroles, œuvres, et de prêcher l'Évangile à ceux qui ont l'esprit lié par le diable, les empêchant de voir la lumière de Christ, le sauveur de l'humanité.

L'homme qui craint Dieu méprise les richesses acquises et cumulées injustement . *« Que sert-il à un homme de gagner tout le monde entier, s'il perd son âme? »* Marc 8.36 et Matthieu 16.26 . Au jour du malheur la richesse ne sauve pas.

Chapitre 6 Mais il honore ceux qui craignent Dieu

Dans 1Pierre2. 17 il est dit *« Honorez tout le monde, aimez les frères , craignez Dieu, honorez le Roi ».* « *Rendez…l'honneur à qui vous devez l'honneur »* Romains 13.17 Est ce dire que la parole de Dieu se contredit ? Nullement. C'est dans le sens de respecter tout le monde, qu'il faut interpréter les écritures dans les deux passages précités. Nous devons respecter tout le monde. Dans le monde, on honore des personnes qui ont réussi socialement, matériellement, le pauvre est méprisé. La plupart des personnes qui sont honorées par le monde, les politiques, les stars, ne craignent pas Dieu. Or, l' homme ou la femme du psaume 15 honore ceux qui craignent Dieu, qu'ils soient petits ou grands, riches ou pauvres, parce que Dieu lui même les honore, leur donne de la valeur, *« car j'honererai celui qui m'honore, mais ceux qui me méprisent seront méprisés »* 1Samuel 2.30.

Chapitre 7 Il ne se rétracte point, s'il fait un serment à son préjudice

Qui n'est pas tombé à un moment ou à un autre de sa vie? Ne pas respecter la parole donnée. La Bible dit dans Proverbes 6. 2 et 3: *« Si tu es enlacé par les paroles de ta bouche, si tu es pris par les paroles de ta bouche, fais donc ceci…dégage-toi, puisque tu es tombé au pouvoir de ton prochain… »*
Il y 'a deux ans de cela , je lisais un livre chrétien sur les alliances « Se tenir sur le Roc » de Rebecca Brown, j'ai été convaincue du péché que j'ai commis en rompant une promesse faite devant Dieu en 2005, et d'autres engagements envers deux personnes à cette même époque. Je raconterai un peu plus en détail mon histoire à la fin de ce chapitre. Par ailleurs, faire un vœu de donner à Dieu la dîme lorsque vous êtes à la recherche d'un emploi est également une question sérieuse. En fait il est question de respecter tout engagement pris devant Dieu et d'honorer les paroles prononcées.

Un jour, un jeune homme est venu dans mon cabinet afin d'assigner son ex employeur devant le tribunal du travail (prud'hommes en France) suite à un licenciement économique. Leurs droits n'avaient pas été payés. Pendant qu'il me relatait les faits, l'Esprit me poussa à lui poser la question sur la dîme, il était chrétien. Le Seigneur lui rappelait en fait le vœu fait et qu'il n'avait pas honoré, je ne le savais pas. Il priait pour trouver du travail et avait promis de donner la dîme lorsqu'il travaillerait, et aurait un salaire. Dieu avait répondu à sa prière, lui ouvrant les portes d'une société de sous-traitance, intervenant sur les plates formes pétrolières. Mais pendant tout le temps qu'il travaillait, ce jeune homme oublia le vœu. Dieu n'oublie pas. Lorsque la société a établi un plan de licenciement, son nom figurait sur la liste des personnes à licencier. Je ne dis pas que le fait de payer la dîme vous protège du licenciement, cela peut arriver qu'on soit fidèle dans les dîmes et les offrandes, que malgré tout, on perde son travail. Ce que je veux faire ressortir dans le cas de ce jeune, il avait fait un vœu qu'il n'a pas respecté. Ayant compris d'où venait son problème, il pleurait dans mon bureau, et a même renoncé à assigner son ex-employeur. Nous devrions avoir la crainte de Dieu, lorsque nous faisons un vœu à l'Éternel, respectons-le.

Des parents qui prennent des engagements devant Dieu pour demander une bénédiction sur leurs enfants, et lorsque Dieu a répondu, oublient le vœu fait, ont des comptes à rendre. Des femmes stériles qui ont demandé un enfant à Dieu, ont souvent fait la promesse de consacrer leur enfant au Seigneur. Puis, elles oublient l'engagement pris, l'alliance conclue avec Dieu, en élaborant leur propre plan pour la vie de leur enfant. Suivons l'exemple d'Anne qui a consacré le petit Samuel à Dieu, en le déposant dans la maison de Dieu à Silo auprès d'Eli (1 Samuel1). Anne a fait un vœu à l'Éternel, et lorsque l'enfant demandé à Dieu est né, elle a honoré son engagement, en consacrant l'enfant à Dieu pour toute sa vie. Lorsque je demandais à Dieu de me donner un autre enfant, je priais comme Anne. Les six premières années de la naissance de mon fils, à chaque anniversaire, je racontais aux invités que cet enfant je l'avais demandé à Dieu. A mon fils, je lui disais et répétais que j'ai fait un vœu à Dieu, que Dieu le rattrapera toujours un jour ou l'autre. Je suis consciente de l'alliance avec Dieu.

J'ai souvent fait des promesses à la légère dans mes relations humaines, oubliant l'engagement pris ou ne respectant point la parole donnée. J'ai été confrontée à la parole de Dieu qui est un miroir. J'ai compris que j'agissais mal. C'est dans ma maison que Dieu me corrige et que le Saint-Esprit œuvre. Comme je l'ai souvent dit, Dieu se sert la plupart du temps de mes propres enfants pour me tailler et me changer. La parole de Dieu m'aide à changer d'attitude. Avant d'écrire ce livre, je pouvais prendre des engagements et ne pas les accomplir, je m'en excusais et pour moi l'affaire était réglée. Dieu ne pense pas comme nous, si nous avons pris un engagement impossible à tenir, présentons le problème à Dieu et à la personne envers qui nous sommes redevables de la promesse. Ne prenez pas d'engagement sans réfléchir, ne faites pas de promesses si vous savez que vous ne pourriez les honorer. Lorsque mon jeune fils m'importunait pour lui acheter quelque chose, je lui répondais que je le ferai, juste pour qu'il me laisse tranquille. Cependant lui n'oubliait pas et chaque jour me rappelait la promesse que j'avais faite : « Maman tu avais promis, maman tu dois le faire, tu étais d'accord... » Cela me mettait très mal à l'aise. En méditant le psaume 15, J'avais pris la décision de lui expliquer les raisons pour lesquelles je ne pouvais satisfaire à sa demande, ou alors je promettais de le faire à un autre moment, ou un autre mois. Depuis lors mon oui est oui, non c'est non. Dans mes relations avec les autres, j'applique désormais les préceptes divins dans les petites choses comme dans les grandes concernant les vœux. La parole de Dieu nous aide à changer. Nous sommes appelés à tenir nos engagements, même à notre préjudice. Raison pour laquelle, nous ne devrions jamais nous engager à la légère, sans prendre le temps de prier, de rechercher le conseil de Dieu. Ô Dieu, mets un frein à ma bouche, et donne-moi un cœur sage, que je pousse la réflexion loin avant de parler, d'ouvrir mes lèvres, car une parole qui sort ne peut plus être reprise.

En 2011, j'avais fait une promesse à un proche, puis je me suis rétractée, parce que cela me causait à moi-même un préjudice. J'ai décroché mon téléphone et appelé la personne pour lui annoncer que je ne pouvais plus honorer ma promesse, je m'en excusais. Mais dès que j'ai raccroché, le Saint-Esprit m'a remis en mémoire ce verset biblique du Psaume 15. Aussitôt, j'ai repris le téléphone pour rappeler la même personne que finalement, je ferai ce que j'avais décidé. Lorsque j'ai accompli mon vœu quelques temps après, mon cœur était en paix. Si j'avais mûrement réfléchi avant, je n'aurais pas pris cet engagement qui m'était préjudiciable à moi-même. Il m'est arrivé, étant dans le besoin, de céder un bien immobilier à un prix en dessous de sa valeur, je ne pouvais plus faire marche arrière malgré l'erreur commise, une fois le contrat de cession conclu. Des proches m'ont demandé de revoir cette transaction avec la personne, je ne pouvais pas le faire. J'ai tiré la leçon qu'il ne faut jamais prendre une décision importante dans la précipitation. Lorsque vous avez commis une erreur, en faisant une promesse difficile à réaliser, cherchez la face de Dieu, présentez lui le problème dans la prière, honorez si possible votre promesse, même à votre préjudice.

Dans le domaine juridique, si vous vous êtes engagés suite à une tromperie de l'autre partie, vous avez la faculté de demander, éventuellement, l'annulation du contrat devant le juge pour vice de consentement . Vous avez accepté de vous engager par rapport aux éléments ou conditions réunies qui vous ont été présentés , mais qui se sont avérés par la suite être erronés ou faux . Il est possible de vous rétracter. Avec Dieu les choses ne se passent pas de la même manière, si vous acceptez d' obéir à ses commandements. Si une alliance a été faite devant Dieu, alors même que vous avez été trompé, présentez la situation au Seigneur, cependant ne vous rétractez pas. Les enfants d'Israël avaient été dupés par les habitants de Gabaon, craignant d'être massacrés, et ont conclu une alliance avec eux, sans consulter Dieu. En fait, ils avaient désobéi à l'ordre donné par Dieu de ne pas faire alliance avec les peuples des nations autour de la terre promise. Les Gabaonites avaient trompé les enfants d'Israël, et de quelle manière ? Ils avaient fait croire à ces derniers que leur territoire se situait très loin de Canaan, qu'ils ont dû voyager longtemps avant d'arriver où campaient les Israélites. Les chefs d'Israël acceptèrent de faire une alliance avec eux, et Josué leur promit de ne point les tuer. C'est au nom de l'Éternel que les Israélites firent cette promesse. Quand il s'est avéré, que le pays de Gabaon était seulement à trois jours de marche, les Israélites comprirent qu'ils avaient été trompés, et le peuple murmura. L'alliance ne pouvait plus être rompue, puisque faite au nom de Dieu. C'était un engagement pris à leur préjudice. Comme les Israélites ont respecté l'alliance, Dieu a réduit les Gabaonites en esclaves, coupant le bois et puisant l'eau pour les enfants d'Israël. Beaucoup de temps après, lorsque le Roi Saül massacra les Gabaonites,

violant ainsi l'alliance conclue, la colère de Dieu s'était enflammée contre les enfants d'Israël, lesquels connurent la famine au temps de David (2 Samuel 21.1à2.)
De même, la Bible relate l'histoire des Israélites qui avaient fait un vœu de relâcher leurs frères esclaves ou des servantes de la race d'Israël, puis ils s'étaient ravisés, en forçant les personnes qu'ils avaient affranchies à redevenir esclaves et servantes (Jéremie 34. 17 à 18). Ce revirement déplut fortement à Dieu qui promit de les frapper par l'épée, la peste et la famine, de les livrer entre les mains de leurs , et de ceux qui en voulaient à leur vie. C'est terrible de tomber entre les mains du Dieu vivant.

La parole de Dieu recommande de ne pas prendre d'engagement à la légère; il est sage de chercher le Seigneur, avant de prendre une décision qui peut avoir des conséquences désastreuses dans notre vie. Beaucoup de problèmes et de malédictions entrent dans la vie de plusieurs personnes, à cause des alliances brisées.
Pour revenir à mon propre témoignage, sur le non-respect et la violation des promesses faites en 2005, j'avais totalement « oublié» ces vœux, même lorsqu'à l'occasion d'un séjour au pays, cela me fut rappelé de façon indirecte. Une promesse de don dans l'œuvre de Dieu, est faite à Dieu et non aux hommes. Pourtant en 2010, une parole était sortie par un serviteur de Dieu ne connaissant pas l'engagement que j'avais pris, me rappelant la promesse de don faite dans la maison de Dieu en Afrique. Au lieu d'honorer la dite promesse à l'endroit où je m'étais engagée, j'avais résolu de faire le don à un autre ministère, en France. Devant Dieu, je n'étais pas dégagée de mon engagement en Afrique. Convaincue, pendant la rédaction de ce livre, par l'Esprit, du péché d'avoir rompu cette promesse, je n'ai plus endurci mon cœur, et j'ai décidé de respecter mon engagement après une repentance sincère. Cependant, si vous êtes dans la difficulté d'honorer la promesse, ne pouvant entrer en contact avec les destinataires du vœu, ou parce vous ne retrouvez plus la personne créancière de votre engagement, recherchez la face et le conseil de Dieu. Le Saint-Esprit vous inspirera. Mais libérez-vous de cet engagement, dégagez- vous, cherchez Dieu dans la prière. Lorsque nous demandons à Dieu de nous révéler les domaines de notre vie qui ne lui plaisent pas, Il le révèle. Le Saint-Esprit nous montrera toujours quelque chose qui ne va pas dans notre relation avec Dieu, si nous recherchons Dieu de tout notre cœur. C'est pour mon propre bien que le Seigneur m'a rappelé mes engagements non tenus afin de réparer et de me dégager.

Quelle conclusion tirée de tout ce qui précède? Il n'est pas bon de s'engager à la légère, et chacun de nous est tenu de respecter la parole donnée. Certaines difficultés dans les finances ou les affaires des enfants de Dieu, sont la conséquence des promesses brisées. Une turbulence dans les finances peut être la conséquence d'un vœu non respecté. Je crois fermement que la repentance et l'obéissance à la parole de Dieu sont une des clés de la restauration financière pour beaucoup, notamment en respectant les engagements financiers tels que les vœux de don d'argent, payer ses dettes etc.

Sur les vœux ou engagements de vivre ensemble pour la vie, beaucoup de blessures intérieures sont causées par des promesses et des engagements rompus, comme la promesse de mariage ou la rupture d'un mariage. En ce qui concerne les fiançailles, il vaut mieux écouter Dieu, rechercher sa volonté avant de vous engager dans un mariage qui n'est pas dans le plan de Dieu pour votre vie. Quand rien ne va plus, des milliers de couples dans le monde, préfèrent rompre les vœux sacrés, ce même parmi les chrétiens qui refusent la voie du pardon et de la réconciliation. Les choses sont plus compliquées dans les couples mixtes, c'est-à-dire un croyant marié à une non croyante et vice versa. Si le non croyant veut se séparer, le conjoint croyant ne peut le retenir, si l'autre conjoint persiste dans sa démarche. Toutefois, par la prière, il est possible que Dieu incline les cœurs afin d'éviter la destruction de la cellule familiale. S' il s'agit d'un véritable foyer chrétien, le conseil et le soutien des anciens par la prière, le pardon, la paix et la réconciliation pourront éviter la séparation et le divorce . Proverbes 20.25 dit : *« C'est un piège pour l'homme que de prendre à la légère un engagement sacré, et de ne réfléchir qu'après avoir fait un vœu. »*
Prendre l'engagement de suivre Jésus, c'est également faire un serment à son préjudice. Lorsque nous donnons nos vies à Jésus, nous rentrons dans la nouvelle alliance éternelle. Nous changeons de camp, rentrons dans le camp de Dieu. Eh bien Satan, l'ancien maître ne va pas se croiser les bras et nous laisser partir sans réagir. Il cherchera à nous causer beaucoup de torts, il va nous combattre et Dieu le permettra pour éprouver notre engagement à vivre pour Jésus.

Accepter de répondre à l'appel de Dieu, de le servir, demande des sacrifices à notre préjudice. Il est possible de perdre tous ses amis, les personnes qui vous étaient très proches, le confort matériel. Beaucoup de difficultés nous attendent sur le chemin étroit, et plusieurs sont tentés d'abandonner. Que de fois on a entendu « Mes problèmes se sont amplifiés depuis que j'ai donné ma vie à Jésus ». C'est la riposte de l'ennemi qui utilise divers moyens pour nous cribler. Or nous devons tenir ferme, même quand des vents violents ou des ouragans soufflent dans notre vie. Si nous regardons à Jésus dans ces moments-là, tôt ou tard ces tempêtes se prosterneront devant le nom au-dessus de tout nom, le nom de Jésus.

Je connais une dame depuis une vingtaine d'années, elle avait donné sa vie au Seigneur en France, puis elle retournée dans son pays en Afrique, s'est mariée avec un ancien petit ami. Son mari n'aime pas entendre parler de prière ni de Jésus. Elle allait à l'église en cachette. Menacée par son époux de faire le choix, elle a abandonné son assemblée. Un jour, je l'ai rencontrée dans la ville et je savais qu'elle n'était pas libre de vivre sa foi. Le conseil que je lui donnais ce jour-là était : «Même si ton époux t'empêche d'aller à l'église, et ne veut pas que tu pries, tu ne dois pas abandonner le Seigneur pour autant; continue à prier, à l'invoquer dans ton cœur ou n'importe où dans ta maison en secret, ou dans la voiture, mais n'abandonne pas ».
Il est possible de continuer à communier avec Dieu quotidiennement et avoir une relation intime avec Jésus, sans aller à l'église si la personne qui a autorité sur vous

vous en empêche. Faites de votre cœur la maison de Dieu, faites de votre voiture « l'église de Dieu », investissez dans des CD de louanges et d'adoration, achetez des CD de prédications, lisez votre Bible, lisez de bons livres chrétiens, vous y trouverez divers sujets de la bible traités d'une façon particulière à chaque besoin. Ayez une bonne conduite devant vos proches . *« **La femme qui craint l'Éternel est celle qui sera louée** »* Proverbes 31. 31a. Dieu agira en votre faveur si vous lui faites entièrement confiance, et pourra toucher le cœur du mari. Chacun comparaîtra devant Dieu, et vous ne donnerez pas comme excuse le refus de votre conjoint de vous laisser vivre votre foi. Demandez à Dieu la sagesse de gérer une telle situation si vous avez un conjoint incroyant. Ne reniez pas le maître, une fois que vous avez fait le serment de le suivre et le servir. Dieu m'a fait la grâce après ma nouvelle naissance de vivre ouvertement ma foi, et d'avoir une communion fraternelle : j'ai perdu beaucoup de choses par ce choix, des choses qui m'étaient très chères.

Ces dernières années, en dehors des enseignements à l'église, j'ai également grandi en écoutant de bonnes prédications, en lisant de merveilleux livres écrits par les hommes et les femmes de notre génération. L'Internet peut aussi être au service du Seigneur, et il l'est. Vous pouvez choisir une prédication, un sujet particulier qui va changer votre vie, vous aider, vous encourager. J'écoute souvent les enseignements de Joyce Meyer depuis 2007. Le ministère de Joyce est venu, à un moment donné dans ma vie, comme une bouée de sauvetage pour ma vie chrétienne quotidienne . Les enseignements sont très pratiques pour la vie de tous les jours. Je loue le nom du Seigneur . Dans mes premières années de marche avec Jésus, j'étais fascinée par le ministère de Rebecca Brown et un peu « jalouse » de la communion qu'elle avait avec Dieu. J'ignorais qu'elle avait payé un grand prix pour avoir une telle relation intime avec le Seigneur. Elle a fait des sacrifices, elle a renoncé à vivre pour elle-même. Faites des sacrifices, même à votre préjudice pour l'engagement de suivre Jésus et vous le connaîtrez intimement. Si vous n'êtes pas libre de vivre votre foi chrétienne, vous pouvez créer une atmosphère de gloire même dans votre salle de bain lorsque vous êtes seul chez vous. Priez même dans les toilettes et faites comme si vous y êtes pour un besoin naturel. En déposant vos enfants à l'école, priez, parlez Dieu, priez dans votre cœur, ouvrez votre bouche pour louer Dieu, parlez au Saint-Esprit. Comment font les chrétiens persécutés ? lesquels vivent dans les pays où le fait d'être chrétien est un motif suffisant pour être brûlé ou mis à mort? Ils continuent à se réunir discrètement, à prier même étant assis dans un café ou un restaurant autour d'une table (voir Eglise persécutée) Que diriez-vous le jour où vous devriez comparaître devant Dieu ? car nous comparaîtrons tous, sans exception, devant celui à qui nous devons rendre compte de la vie qu'il nous a donnée sur terre. Donneriez-vous comme excuse : « C'est mon mari, mon père, ma mère ou mon tuteur qui m'empêchait de prier ! de lire la bible ! d'avoir une relation avec vous? »

Qui nous séparera de l'amour de Dieu? En acceptant Jésus Christ comme Sauveur et Seigneur, nous faisons un vœu à notre préjudice, un engagement que nous devrions honorer parce que celui qui nous a appelés est fidèle. Demandez la sagesse à Dieu, il vous guidera et ne vous abandonnera pas. Choisissez la vie, celle qui durera éternellement. Vous avez également la responsabilité de conduire votre maison à connaître Christ, par votre foi en lui en toutes circonstances, par votre piété ; *« Car que sais-tu, femme si tu sauveras ton mari? Ou que sais-tu mari, si tu sauveras ta femme? »* (1Corinthiens 7.16); *« crois au Seigneur Jésus et tu seras sauvé toi et ta famille »* (Actes16.31).

J'ai pris part à un camp chrétien en Picardie en août 2012, il y avait une famille colombienne de quatre personnes, trois générations : les grands parents, la mère et le petit fils. Le premier jour, nous nous sommes réunis pour la prière, mais avant cela on devait faire la cohésion du groupe en parlant de ce qui a marqué notre vie et de notre parcours. Dans la famille colombienne, la grand-mère et la mère ont témoigné que c'est par leur petit fils et fils (celui-là n'était pas venu au camp) qu'ils ont connu le Seigneur. Le petit fils et fils avait séjourné, un été, à Londres et il a rencontré des personnes qui lui ont parlé du Seigneur et c'est là-bas qu'il a accepté Jésus christ dans sa vie comme son Sauveur et Seigneur. En rentrant en France, il a annoncé à sa mère cette rencontre merveilleuse qui a changé sa vie. Quelques temps après, la mère s'est convertie, et plus tard c'est la grand-mère qui a également donné sa vie au Seigneur. Quel beau témoignage! En général, ce sont des parents qui se convertissent en premier et prient pour le salut de leurs enfants, mais dans le cas de cette famille, le salut est entré par le fils et petit-fils. Dieu est capable de changer le cœur de la personne qui a autorité sur vous, afin de vous laisser vivre votre foi. Sachez que nous n'avons pas à lutter contre la chair et le sang, mais contre Satan et ses esprits impurs qui ne cessent de s'opposer à notre salut et au salut des membres de notre famille.
« Si quelqu'un souffre comme chrétien qu'il n'en est pas honte, et que plutôt il glorifie Dieu à cause de ce nom » dit 1 Pierre 4.16. A cause des difficultés, on serait tenté de tout abandonner, mais nous ne sommes pas de ceux qui reculent pour se perdre. Une épreuve quelconque, une souffrance n'a jamais fait sourire quelqu'un. Une douleur est une douleur, le corps, l'âme et l'esprit la ressentent. Cependant, Dieu s'en servira pour la transformer en bien afin d'atteindre ses objectifs. Vous êtes la lumière autour de vous.

Nous devrions persévérer, comme nos frères de l'église primitive. Dieu nous a fait la promesse qu'il ne nous abandonnera jamais, qu'il ne nous délaissera pas Esaïe 49. 14-15. Jésus a dit *« Et voici, je suis avec vous tous les jours, jusqu'à la fin du monde »* Matthieu 28. 20. Il y aura toujours des problèmes, des difficultés tant que nous sommes sur terre, même quand vous êtes dans la volonté de Dieu. Gardez la bonne attitude dans l'épreuve, en prenant comme modèle les premiers chrétiens. Ils ont persévéré s'en remettant à Dieu, et avec Dieu ils ont accompli des exploits, vous pouvez le faire. Tenez ferme dans votre engagement à suivre Dieu et à le servir, ne rompez pas votre promesse, le Dieu des promesses vous bénira au-delà de tout ce que vous pouvez imaginer, et cela pour l'éternité.

Lorsque nous faisons un serment devant Dieu, changer d'avis et revenir sur la parole donnée nous expose à la colère de Dieu. Lorsque les Israélites se montraient infidèles dans les alliances conclues avec Dieu, Jérémie 34. 17b-18 nous montre les conséquences de rompre un pacte fait devant Dieu : « Voici, Je (Dieu qui parle) publie contre vous…la liberté de la peste et de la famine, et je vous rendrai un objet d'effroi pour tous les royaumes de la terre. Je livrerai les hommes…qui n'ont pas observé les conditions du pacte qu'ils avaient fait devant moi ». Plus loin au verset 20, Dieu dit encore : « Je les livrerai entre les mains de leurs ennemis, entre les mains de ceux qui en veulent à leur vie… ». Dieu retire sa protection lorsque nous violons les alliances ou pactes. Quand Dieu retire sa couverture divine, cela laisse le champ libre à Satan et à ses esprits mauvais d'agir et de nous tourmenter. Honorez les vœux. Si vous avez pris une enveloppe quand l'église demande une offrande spéciale pour tel besoin, vous êtes lié et vous vous êtes engagé devant Dieu. La meilleure chose à faire pour éviter les malédictions, c'est d'honorer votre vœu. Dieu n'aime pas les insensés. Réfléchissez et priez toujours avant de vous engager à faire un serment quelconque devant le Roi des rois, le Seigneur des seigneurs.

Chapitre 8 Il n'exige pas d'intérêt de son argent

Il est un mal que j'ai vu dans mon pays, dans la ville où j'ai posé mes bagages après mes études en France, notamment à Pointe-Noire : un système dit de prêt à usure, qui fait le bonheur des usuriers, gens sans scrupules profitant de la pauvreté, l'indigence et du retard des salaires dans la fonction publique. Ce système illégal existe depuis bien longtemps. Il s'est accru certainement à cause de la crise. Le prêt à usure est un système réprimé par le code pénal, l'ancien code pénal de l'Afrique équatoriale française. C'est un intérêt perçu au-delà du taux légal, un intérêt excessif, illicite. Ce système a ruiné des ménages au pouvoir d'achat déjà faible. L'usurier fait signer à l'emprunteur un document manuscrit de reconnaissance de dette, indiquant le montant du prêt ainsi que le taux d'intérêt à payer, lequel monte progressivement en cas de retard de paiement, c'est à dire de non respect des échéances de paiement. Lorsque le débiteur ne parvient toujours pas à régler sa dette, les intérêts grimpent. A la fin, toujours en cas de non paiement, l'usurier fait signer à son débiteur une autre reconnaissance de dette indiquant le montant global sans préciser l'origine illicite de la créance. Cette astuce est utilisée pour contourner la loi, dans le but de saisir le tribunal en vue d'obtenir un titre exécutoire contre le débiteur. C'est une pratique illicite, mais très courante. Certains chefs de famille ont été plongés dans des dettes qui n'en finissaient pas, allant parfois jusqu'à vendre une partie de leur patrimoine immobilier, pour un emprunt au départ très dérisoire.

La Bible, code de conduite des croyants en Jésus Christ, exhorte de ne pas exiger d'intérêt de l'argent qu'on prête, et demande qu'on puisse venir en aide à ceux qui sont dans le besoin: « *Donne à celui qui te demande; et ne te détourne pas de celui qui veut emprunter de toi* » Matthieu5.42. Selon les recommandations de Dieu dans le Psaume15, nous ne devrions pas réclamer un quelconque intérêt, mais plutôt prêter à taux zéro.

Celui qui emprunte est dans le besoin et affaibli par ce besoin ; ajouter des intérêts l'écroulerait encore davantage. Même si la personne aidée prospère avec le prêt que vous lui avez consenti, n'exigez d'elle aucun intérêt. Bénissez au contraire le nom du Seigneur, pour la grâce qu'il a répandue sur cette personne, vous utilisant comme canal.
Un jeune homme chrétien m'a fait le témoignage suivant: à sa demande, son église lui avait fait un prêt afin de lui permettre de suspendre momentanément le travail étudiant qu'il avait, pour se concentrer dans la révision de ses examens. Ce prêt sans intérêt, consenti par l'église, a permis à ce frère de payer les charges de vie courante pendant les révisions. Le frère a pu se consacrer uniquement à la préparation de ses partiels; il a obtenu son diplôme. Plus tard, il a remboursé l'emprunt par un échéancier souple à sa convenance, selon l'accord. La Bible ne traite pas ici la question des emprunts bancaires ou par des organismes financiers, mais des prêts de

particulier à particulier entre des personnes qui se connaissent. Cependant, il sied de faire les choses dans les règles, en signant l'accord entre les parties dans un document, même entre frères et sœurs ou proches. Ayez toujours en esprit d'agir en observant les usages, « *Soigne tes affaires au dehors*... » recommande la Bible dans Proverbes 24.24. Beaucoup de personnes pensent, à tort, que le fait d'être amis, frères et sœurs dans la foi ou membres d'une même famille, elles n'ont pas besoin de documents écrits pour sceller leur accord. La mémoire peut faillir, et tout peut arriver. Même des personnes nanties financièrement, ont quelque fois du mal à rembourser leurs dettes ; une preuve écrite couvre celui qui prête. Laissez par écrit les traces d'un prêt ou emprunt avec la date du prêt et ou éventuellement les modalités de remboursement. L'emprunteur doit tenir ses engagements. Or les enfants de Dieu se conduisent parfois comme si ce qui appartient à un frère ou une sœur dans la foi leur revient de droit, non! Ce que vous empruntez à votre frère ou sœur en Christ ou à un proche ne vous appartient pas, sauf si on propose de vous faire un don, au lieu de vous consentir le prêt. Il y a aussi des personnes très rusées qui savent qu'elles sont dans l'incapacité de rembourser un emprunt, et que vu leur situation, on ne pourra leur accorder un prêt, passent par ce moyen pour demander en fait de l'aide. Lorsqu'une personne sans activité, n'ayant aucun revenu vous demande un prêt d'argent, posez la question de savoir avec quelle source de revenu le prêt sera remboursé! Ou quelle activité ou investissement compte-t-elle faire pour générer des gains qui permettront de rembourser l'emprunt ? A mon avis, si une personne sans activité ou oisive vous demande un emprunt important, soyez prudent . Si le plan ou projet de remboursement est irréaliste, ne donnez pas votre argent. S'il s'agit d'un emprunt dérisoire, vous pouvez venir en aide à votre prochain, et lui laisser le temps de rembourser, ou vous renoncez à cet argent qui deviendra un don. La Bible dit de ne pas se détourner de celui qui veut emprunter de vous. Cependant, la personne doit avoir la capacité de rembourser. En toutes choses, cherchez la sagesse de Dieu, vous épargnerez ainsi à une personne insolvable de contracter des dettes importantes, qui le mettront en captivité : « Celui qui emprunte est l'esclave de celui qui prête » Proverbes 22.7.

Chapitre 9 Il n'accepte pas de don contre l'innocent

Un jour, au cours d'une audience de référé, tenue dans le bureau du Président du Tribunal de Grande Instance, mon regard a été attiré par un écriteau posé sur le bureau rectangulaire. Il était écrit à peu près : « Les magistrats sont au service de Dieu pour rendre la justice ». J'ignore si ce magistrat était chrétien. Les magistrats sont en effet au service du premier magistrat, Dieu, le grand juge devant qui toute personne comparaîtra un jour. Ils sont appelés à l'impartialité et la probité.
Toute personne appelée à rendre une sentence entre des antagonistes prononce un jugement.

Accepter un don contre un innocent est blâmable et condamnable *« ...car les présents aveuglent les yeux des sages et corrompent les paroles des justes. »* (Deutéronome 16.19). Le psaume 82. 2 déclare : *« Jusqu'à quand jugerez-vous avec iniquité...»*
Judas n'était pas magistrat, ni un médiateur, mais il avait accepté un don pour livrer un innocent. On peut accepter un don pour accuser faussement ou faire un faux témoignage contre un innocent. Il est possible d'accepter un don pour indiquer le domicile d'une personne, ou désigner la personne qui est recherchée. Jésus était un innocent ; Judas a proposé aux chefs religieux de le livrer, contre un don en argent.
Il y a un mal dans la justice rendue par les humains. Là où on doit rendre la justice, il y a beaucoup d'injustice et de l'arbitraire quand un innocent est condamné ou mis en prison.
L'Ecclésiaste 3.16 à 18 dit : *«Au lieu établi pour juger, il y a de la méchanceté... au lieu établi pour la justice, il y a de la méchanceté...Dieu jugera le juste et le méchant; car il y a là un temps pour toute chose et pour toute œuvre. »*
Il y a également un mal que j'ai vu dans l'exercice de ma profession d'avocate, une justice faisant deux poids, deux mesures. J'ai également vu des innocents mis arbitrairement en prison le temps d'un week-end, des familles dépouillées de leur héritage dans les affaires de succession, des veuves et des orphelins ne trouvant pas justice, un enfant atteint d'une maladie génétique ne pouvant venir poursuivre son traitement en France, parce que le père a confisqué le passeport français afin d'empêcher le voyage de son ex-campagne . Le juge n'ayant pu statuer dans l'intérêt de l'enfant, la mère était forcée de recourir à d'autres moyens pour ramener son enfant malade en France. J'ai également vu : des travailleurs licenciés soit disant pour des raisons économiques, alors que le même employeur a simplement changé l'enseigne de sa société. Certains membres du syndicat, chargés de représenter leurs collègues, acceptent des dons pour calmer les esprits par des promesses que l'employeur ne tiendra jamais.

Beaucoup de personnes innocentes sont condamnées injustement dans le monde. J'ai vu beaucoup de mal au cours de l'exercice de ma profession : les clients contactés pour faire un geste à l'endroit de ceux qui sont appelés à rendre la justice. Certains justiciables prenaient eux-mêmes l'initiative d'inviter des magistrats au restaurant, pour gagner leur faveur dans un dossier contentieux. Je me suis retrouvée un jour au restaurant, ignorant qu'à notre table je serai en face d'un juge d'instruction. Au cours du repas, aucun des convives ne parlait des dossiers du tribunal, mais cette amitié entre le juge et les justiciables ayant des affaires en cours, ne garantit pas une justice équitable. Plusieurs autres faits sont caractéristiques du péché de prendre un don contre un innocent : par exemple, accepter des cadeaux d'un calomniateur pour admettre ses mensonges contre un innocent. Je connais une femme qui a été calomniée, critiquée, accusée faussement et devenue « persona non grata » dans certains milieux. Dieu justifie son peuple innocent : les mensonges du calomniateur sont mis à jour, après des années. Lorsque des personnes appelées à rendre des sentences acceptent des dons, le jugement est faussé ; cela ne garantit pas une justice équitable et affaiblit une nation, c'est l'arbitraire qui règne. Les enfants de Samuel, établis comme juges par leur père devenu vieux, étaient cupides et acceptaient des dons ; la justice était corrompue. C'est alors que le peuple demanda un roi(1 Samuel 8. 1 à 5)

Chapitre 10 Celui qui se conduit ainsi ne chancelle jamais

L'homme ou la femme du Psaume 15 ne chancelle jamais ! Il ou elle est affermi(e), inébranlable, persévérant(e) ; son cœur est confiant, stable. Celui qui se conduit de la manière à plaire à Dieu, demeure sur la montagne de l' Eternel. Dieu est son refuge et sa haute retraite. Sa foi ne fait pas naufrage quand arrivent les intempéries, des problèmes, des épreuves. Celui qui marche dans l'obéissance à la parole de Dieu est fondé sur le roc. C'est dans les crises, afflictions, tribulations, qu'on sait si une personne est batîe sur la parole de Dieu, et si les fondements de sa foi sont solides.
Ce dernier verset du Psaume 15 rejoint également le Psaume 124.1 qui parle de l'homme qui place sa confiance en Dieu. Cette personne est comparée à la montagne de Sion qui ne chancelle point, elle est affermie pour toujours. Quand une personne demeure ferme, c'est sa foi qui ne chancelle pas devant les circonstances mauvaises ou des situations périlleuses. La foi peut chanceler lorsqu'elle est faible ou atrophiée. La foi grandit en croyant fermement aux promesses de Dieu, même si les circonstances ne montrent aucun espoir. Il est donc important de muscler sa foi jour après jour. Les épreuves permettent de muscler notre foi lorsque nous tenons ferme, et gardons notre confiance en Dieu qui est le rémunérateur de ceux qui le recherchent, le secours qui ne manque pas au temps de la détresse(Psaume 46), notre bouclier et abri sûr.
Il est des domaines où Dieu le potier me modèle progressivement. J'étais une personne très sensible, paniquant devant n'importe quel problème, agitée et très angoissée ; la peur était l'arme de l'ennemi. En marchant avec Dieu, dans certains domaines, je deviens petit à petit comme la montagne de Sion, je suis affermie, gardant la foi. Depuis que j'ai lu les livres de Évelyne Christenson « *Ce qui se passe*

lorsque nous prions pour nos familles » et de Stormie Omartian « *La prière des parents est efficace* », j'avais pris la décision de recourir systématiquement à la prière pour chaque besoin de ma famille. Utilisant les expériences des deux auteurs, j'avais décidé également de faire de la prière mon style de vie pour tous nos besoins, de recourir à Dieu pour prendre le contrôle des événements de la journée du lever au coucher du soleil. Depuis plus de six ans, je persévère, et cela devient une habitude bien ancrée. Très tôt le matin, après avoir livré bataille contre le sommeil, je recherche la face de Dieu et lui confie la journée dans tous les aspects et tous les domaines. Et lorsqu'un problème quelconque surgit dans la vie d'un de mes enfants, comme toute mère, je ne baisse jamais les bras; je suis capable d'escalader la plus haute montagne si la solution se trouvait au sommet. « ***Qui es-tu grande montagne devant Zorobabel ? Tu seras aplanie*** » Zacharie 4. 7. J'importune souvent le Seigneur et garde une foi ferme. Je confesse la parole de Dieu, prend Dieu au mot, je plaide devant Dieu en utilisant sa propre parole lorsqu'une situation difficile se présente dans la vie de mes enfants. Le Seigneur me répond toujours (apportant sa solution, même le silence de Dieu est un langage) et m'exauce au-delà de tout ce que je pouvais imaginer. La réponse peut être non, c'est une réponse! Alors dans ce cas, je le loue car lui seul sait ce qu'il convient, Il est au contrôle.

Quand il est question des enfants, ma foi est grande, forte. Je fais toujours confiance à Dieu de nous apporter sa solution, ses plans, sa volonté. Dans ma vie quotidienne, comme devant certaines situations difficiles, je me tourne vers Dieu devant une épreuve quelconque de mes enfants. Si l'un d'eux a des problèmes ou vit une circonstance difficile, ou prend une décision que je trouve contraire à ses propres intérêts, je crie à Dieu. Je fais chaque jour une « réunion de famille » entre Dieu et moi, je lui demande de prendre le contrôle de chaque domaine, chaque situation de la journée et lui expose les besoins. Certains problèmes nécessitent une direction urgente du Seigneur, je fais appel à l'Esprit, d'autres prières sont faites à Dieu pendant des jours, des mois. Après les larmes, les douleurs, les incertitudes, les erreurs, les échecs, à la fin la victoire et la joie d'avoir eu le secours qui vient de l'Éternel. Il arrive que le Seigneur ne réponde pas à ma requête comme je l'ai dit, je fais confiance qu'il a répondu à sa manière, il connaît vraiment nos besoins, et ne peut satisfaire tous les désirs. Cependant, devant une situation impossible, j'appelle le Dieu de l'impossible, et tout est possible à celui qui croît. Un seul exemple qu'il m'est permis de donner, c'est en matière de protection divine. J'ai fait confiance à Dieu pour la protection divine de ma famille, et pour l'intervention des anges devant tout danger. Dieu est un abri sûr, une haute retraite, un refuge.

En juin 2011, après les épreuves de baccalauréat, ma fille est sortie avec des amis, soi-disant pour fêter la fin des épreuves. A mon réveil au milieu de la nuit, j'ai été poussée à prier pour elle, puis je me suis rendormie ; j'étais également entrain de récupérer, après les semaines de vives émotions que connaît tout parent à l'approche et pendant les examens du baccalauréat. J'ai été réveillée, aux environs de 7 heures, par un appel de la police de notre ville m'informant du transfert de ma fille à l'hôpital d'assistance publique de notre département, pour observation ; celle-ci avait été retrouvée inconsciente à la gare. Elle avait son sac avec tout le contenu : sa carte scolaire, et sa pièce d'identité ; ce qui avait permis aux agents de police de retrouver rapidement notre numéro de téléphone fixe. Une heure et demie après, je parvenais tant bien que mal à atteindre cet hôpital. A mon arrivée, elle ne se souvenait de rien et les premiers examens révélaient une baisse de sucre dans son corps. Elle ne savait pas où elle se trouvait, elle refusait de se laisser examiner, se débattait. L'infirmière était assez irritée parce qu'elle n'arrivait pas à lui faire des prélèvements sanguins. Que se passe-t-il Seigneur? Criai-je dans mon for intérieur? Deux semaines plus tôt, j'étais aux urgences d'une clinique pour mon fils qui s'était foulé la cheville après le sport, et j'avais reçu un appel du collège. Me rendant au collège, l'ambulance s'y trouvait déjà. Et je me retrouve à nouveau aux urgences. Je priais Dieu de prendre la situation en main, de permettre qu'elle se laisse examiner et de révéler s'il y a quelque chose. Je priais intérieurement pour qu'elle retrouve « ses sens ». Puis quelques temps plus tard, elle m'a reconnue. Je lui dis qu'elle avait été retrouvée par les policiers à la gare de notre ville. Or, elle n'était pas rentrée en train. Elle me dit, qu'elle se rappelait seulement être montée dans un taxi à Paris pour rentrer, après avoir aidé ses amies de Paris à monter dans leur taxi, puis plus rien, le vide total. Elle n'avait aucune égratignure, subi aucun abus, son portefeuille était intact avec son argent de poche. Cette situation l'avait perturbée: ne pas savoir ce qui s'était passé entre le moment où elle a pris le taxi à Paris, et quand elle s'est retrouvée aux urgences de l'hôpital de Poissy à 32 kilomètres de Paris, et à 14 kilomètre de chez nous. Quand j'ai dit à ma fille qu'elle se trouvait dans un hôpital, elle a d'abord pensé qu'elle avait été conduite dans un hôpital dans Paris, reconnaissant enfin le personnel de l'hôpital par leurs blouses blanches. Le traitement administré sur place était deux yaourts et une compote à cause de la baisse de sucre dans le sang et rien d'autre. A notre retour du centre hospitalier, elle a appelé deux ou trois amies qui l'ont vue prendre ce taxi à Paris ; toutes étaient étonnées de son histoire. Je fus reconnaissante à Dieu de l'avoir protégée, d'avoir permis qu'elle soit trouvée par la police municipale, et non par une personne malveillante ; je rassurai ma fille que tout allait bien. Le Seigneur l'a encore gardée d'autres malheurs, après son admission au baccalauréat les semaines suivantes, au cours des escapades avec des amis.

Par ailleurs, je recommande toujours à mon fils, le plus jeune, de faire attention à la route et de respecter les routes cyclables, de mettre en pratique les cours de sécurité routière enseignés par les agents de police à l'école. Mais son vélo manquait souvent de lampes, de klaxon etc alors même que j'aie tout fait remplacer. En une ou deux semaines, on ne retrouve plus les petits éléments indispensables pour la sécurité. C'est à Dieu seul que je confie la sécurité de ses allées et venues, car « *l'Éternel gardera ton départ et ton arrivée, dès maintenant et à jamais* » Psaume 121.8. Je crois que Dieu avais permis qu'un voleur vole ce vélo, pourtant très usé, à la gare. Le vélo de mon fils était devenu un danger pour sa propre sécurité et pour celle des

autres. Je l'avais fait réparer plus de six fois en un an, et je ne voulais plus gaspiller de l'argent, il était bon à mettre aux encombrants. Mon fils s'entêtait à le prendre pour arriver plus rapidement. Je n'ai pas éprouvé de la colère lorsqu'il m'a annoncé le vol de son vélo. L'achat d'un nouveau vélo est un sujet de prière quand il se déplace. La période du début d'adolescence me pousse à invoquer Dieu avec encore plus d'ardeur. Chaque jour, je demande au Seigneur de prendre le contrôle de son entrée dans l'adolescence, de sa métamorphose, de cette phase transitoire. Avec l'adolescence, les besoins changent, et les sujets de prière changent également. Ruth m'a offert il y a un an le livre de Gary Chapman « Ciel! Mon bébé a grandi ! ». J'ai déjà lu plus de la moitié du livre, et cela m'aide à comprendre cette période de la vie de mon garçon et comment réagir face à sa quête d'identité et d'indépendance. Je me décharge sur Dieu dans la prière et mon cœur reste calme, stable, malgré les petits désagréments de tous les jours. Dieu sait combien chaque jour est un défi!
Dieu est notre protecteur, et Il l'est.

Je viens de me souvenir d'un fait qui s'est passé lorsque mon fils avait trois ans et demi, en 2003. Dieu l'avait protégé dans un pays étranger pendant nos vacances, notamment à Rome en Italie. En été 2003, après nos vacances à Paris avant de rentrer au Congo, nous avions passé quelques jours de vacances à Rome ; nous voulions également visiter Venise. Le train entre Rome et Venise ne partait que dans une heure et demi, nous avions donc beaucoup de temps devant nous ; on pouvait visiter les boutiques de la gare de Rome. Je devrais également chercher de quoi manger dans le train, il y avait justement un super marché. J'ai demandé à ma fille, qui avait 10 ans, de prendre la main de son frère pendant le temps de mon absence, et de bien rester près du père et du frère aîné. Je les ai quittés dans un magasin leur donnant rendez-vous à un endroit précis de la gare. Ayant rapidement trouvé les sandwichs et boissons pour le train, j'ai passé près d'une demi-heure à faire la queue dans le super marché. Puis j'ai rejoint ma famille au lieu indiqué. Au fur et à mesure que je m'approchais du groupe, je remarquais qu'il manquait le petit bout d'homme. Arrivée à leur niveau, je constatais avec effroi que le benjamin de la famille n'était pas avec les autres, alors que je le leur avais confié. Je posais directement la question à ma fille, où était son frère? En réponse j'eus d'abord droit à un haussement d'épaules, puis une phrase qui a fait monter mon adrénaline : « Il n'avait qu'à nous suivre…». Je compris que mon enfant, mon Samuel était perdu dans cette galerie de la gare de Rome. Je revoyais les années passées à genoux à demander au Seigneur de me donner un autre enfant; mon cœur battait très fort. Je pensais déjà à un enlèvement, il se passe tellement de choses dans les pays européens! Les journaux racontent sans cesse les faits d'enfants enlevés alors qu'ils étaient avec toute la famille. Non je ne pouvais pas croire que j'allais perdre cet enfant tant demandé à Dieu. Aucun de nous ne parle italien et par où commencer pour le chercher ? Il me semblait que j'étais la seule à paniquer, tout le reste de la famille était calme et cela me rendait furieuse. Je posai la question de savoir dans quelle boutique étaient-ils entrés après mon départ. Dans cette boutique, personne. J'étais de plus en plus inquiète. L'idée nous vint d'aller voir dans la première boutique, où je les avais quittés trois quart d'heures plus tôt, avant d'aller au supermarché. C'était une boutique de vêtements. La vendeuse pensait peut être qu'on revenait pour enfin faire notre choix. En balayant la boutique du regard, aucune présence d'enfant ! Soudain nous avions remarqué un petit mouvement à l'intérieur d'un portant rond à vêtements à gauche, entre l'entrée du magasin et le comptoir. En écartant les vêtements, un petit garçon noir était assis à l'intérieur en train de jouer tranquillement. Il ne se doutait de rien, ne s'était pas rendu compte qu'il était resté seul plus de trois quart heures. La vendeuse ne l'avait même pas remarqué! J'ai tout de suite su dans mon cœur que Dieu l'avait maintenu là, j'ai pensé que sûrement un ange de Dieu était là pour l'empêcher de sortir. S'il était sorti de la boutique, il allait se perdre et être exposé à tout danger. Quel soulagement! Merci Seigneur. *« L'ange de l'Éternel campe autour de ceux qui le craignent et il les arrache au danger. »* (Psaume 34. 8). Dieu est notre protecteur, il nous couvre de ses ailes divines, faisons lui confiance pour notre sécurité.

Pour revenir à ce dernier verset du Psaume 15, l'homme ou la femme qui remplit tous les critères décrits, ne chancelle pas, quelques soient les évènements. Facile à dire, mais dès qu'une situation apparaît, la chair à tendance à réagir de façon contraire à ce que la parole de Dieu nous demande de faire. Heureusement, l'Esprit vient à notre secours, nous rappelle les promesses de Dieu. La parole de Dieu gardée dans notre cœur nous fortifie devant la tentation. L'homme ou la femme du Psaume 15 demeure en Dieu, a la crainte de Dieu, demeure attaché(e) à Dieu, et à sa parole. Il est ferme, inébranlable. Dieu est son refuge et sa forteresse.

Conclusion : Je reviens bientôt

Une jeune femme avait donné sa vie à Jésus après sa guérison. Dieu est intervenu de façon miraculeuse dans sa vie. Avec le zèle de la nouvelle création, revêtue de l'Esprit de Dieu, elle entreprit de rendre visite à ses proches afin de partager la bonne nouvelle. Elle voulait témoigner ce que le Seigneur a fait dans sa vie ; mais certains se moquaient d'elle ouvertement, tandis que d'autres se levaient pour s'en aller dès qu'elle arrivait à l'endroit où ils étaient. Cette jeune dame exhortait un de ses proches à se tourner vers Dieu. Celui-ci lui fit cette remarque railleuse : « Depuis deux mille ans, on dit que Jésus revient, mais il n'est toujours pas revenu! Quand reviendra-t-il? »

Cette question est également posée par des enfants de Dieu. Un jour est comme mille ans pour Dieu, mille ans sont comme un jour 1Pierre 3.8 . Concernant le retour du Seigneur, même les anges ne savent pas quand cela aurait-il lieu, ni le fils, le Père seul sait. Les prophéties de Dieu s'accomplissent au temps fixé en toute souveraineté. Jésus a dit qu'il revient bientôt. Parce qu'il a dit « bientôt », et qu'il est monté au ciel depuis plus de deux mille ans, nous pensons toujours que cela n'aurait pas lieu. La parole de Dieu est vérité ; et puis sachez que tout homme est appelé à mourir . Si Jésus ne revenait pas de votre vivant, quand l'âme quittera son enveloppe terrestre, votre éternité sera scellée à ce moment-là. Ne ratez pas «l'avion du ciel» quand Jésus viendra enlever son Eglise : Plus de prédicateurs, plus d'évangélistes ; les fils et les filles de Dieu qui s'étaient préparés ne sont plus sur terre, les morts en Christ sont sortis du sommeil et ont été les premiers enlevés, puis les vivants ensuite.
1 Thessaloniciens 4. 16-17 *« Car le Seigneur lui- même, à un signal donné, à la voix d'un archange, et au son de la trompette de Dieu, descendra du ciel...Ensuite nous serons tous ensemble...enlevés... sur des nuées, à la rencontre du Seigneur dans les airs...»*

Il y a un chant que le peuple de Dieu, dans mon pays, chante avec ferveur. Ce chant parle de l'enlèvement et de la joie que nous éprouverons ce jour-là, enfin délivrés de cette vie et monde chaotiques : « Quand Jésus reviendra pour enlever son Eglise, la trompette sonnera...» Malheureusement tous ceux qui chantent ce cantique ne seront pas enlevés, s'ils ne se sont pas préparés. Ce chant transporte toute l'assemblée réunie en prière dans une telle joie, comme si ce jour était déjà là, et que nous étions en train de monter à la rencontre du Seigneur dans les airs.

Pourtant si Jésus revenait, beaucoup seront surpris. *« Ainsi donc, que celui qui croît être debout prenne garde de tomber »* (1 Corinthiens 10.12). Si le Seigneur venait, enfants de Dieu, seriez-vous enlevés? Posez-vous vous mêmes cette question, très sincèrement et examinez-vous. Ne vous vous trompez pas vous-mêmes, en imaginant d'être sauvés malgré tout, en disant que Dieu est miséricordieux. Dieu est certes miséricordieux pour qui se repent. C'est pourquoi, nous devons toujours nous examiner et mettre notre vie en règle avec la parole de Dieu. Le Seigneur viendra par surprise Matthieu 24.36 à 44.

En 2009, j'ai participé à un camp chrétien dans la vallée de l'Yonne. Une sœur venue d'Allemagne avec sa famille nous a raconté, qu'une nuit elle fît un rêve sur l'enlèvement. Jésus était descendu pour prendre son Église, et elle a vu de milliers de chrétiens en train de monter dans les airs. Son époux qui dormait à côté d'elle n'était plus dans le lit; la sœur malgré son désir de monter aussi dans les airs, n'y parvenait pas. Dans le désarroi, elle s'est mise à crier, à pleurer : « Seigneur! Jésus ! Pourquoi? Seigneur pourquoi je ne monte pas? ». Le Seigneur lui fit comprendre que, si Lui revenait à cette heure-là, cette nuit, elle ne serait pas enlevée à cause de l'attitude mauvaise de son cœur vis-à-vis de son mari suite à leur dispute. Le mari, après une querelle conjugale cette soirée-là, lui avait pardonné et il s'est endormi en paix avec Dieu. Mais la sœur avait gardé la colère dans son cœur. La sœur s'est réveillée, a réveillé son mari, lui a raconté son rêve et a pardonné à son mari et a également demandé pardon. Elle avait eu si peur ! que même éveillée elle tremblait ; elle nous disait que c'était terrible l'angoisse et le désarroi qu'elle avait éprouvés lorsqu'elle n'a pas été enlevée. *« Si vous vous mettez en colère ne péchez point; Que le soleil ne se couche pas sur votre colère… »* (Éphésiens 4. 26).

Une jeune lycéenne avait également vu l'enlèvement dans un rêve, mais sans comprendre qu'il s'agissait de l'enlèvement de l'Église. Dans ce rêve, elle se trouvait avec ses amies, et soudain il se passait quelque chose dans la ville : les gens étaient agités et se dirigeaient dans tous les sens. La jeune fille pensa à appeler sa mère pour lui demander ce qui se passait! Mais le téléphone mobile de sa mère ne répondait pas, celle-ci était injoignable. Elle a cherché sa mère partout en vain, puis elle s'est réveillée. Lorsqu'elle raconta son rêve, sa maman lui fit comprendre qu'il s'agissait de l'enlèvement, et si elle était injoignable c'est parce qu'elle avait déjà été enlevée dans les airs à la rencontre de Jésus. Cette réponse ne plut pas à la jeune fille: « tu veux dire que moi ! J'étais restée alors! ». Sa mère lui expliqua, que certainement Dieu attirait son attention sur sa vie, sur les plaisirs du monde, et qu'elle devrait réfléchir à ce rêve, car Dieu parle tantôt d'une manière, tantôt d'une autre et on n'y prend pas garde.

« C'est pourquoi, vous aussi, tenez-vous prêts, car le fils de l'homme viendra à l'heure où vous n'y penserez pas. » Matthieu 24.44. Veillez et priez.
N' oubliez pas cette invitation de notre Seigneur : nous avons rendez-vous à la table du Seigneur ! au festin des noces de l'agneau.

Table des Matières

Mot de l'auteur..4
Introduction..5
Première partie La visitation..8
Chapitre1 Le Consolateur, l'Ami fidèle..8
Chapitre 2 Une révélation importante, le salut de l âme.................................10
Chapitre 3 L'entretien avec le Seigneur (extraits)..16
Deuxième partie l'intimité avec Dieu...22
Chapitre 1 Voulez-vous veiller une heure avec Moi ?(Jésus).........................22
Chapitre 2 Je frappe à la porte..30
Chapitre 4 La parole faite chair. Jean 1..39
Chapitre 4 Mangez ma chair et buvez mon sang: la sainte cène....................42
Chapitre 5 Aimez Jésus...55
Chapitre 6 Aimez et bénissez Israël..58
Troisième partie les préceptesd'une vie chrétienne victorieuse......................60
Chapitre 1 Jésus parle de la foi et des bonnes œuvres de Joseph d'Arimathée..........60
Chapitre 2 Avoir des motivations pures et une bonne attitude du cœur........64
Chapitre 3 L' enseignement sur l'amour et la manifestation de la puissance de Dieu 70
Quatrième partie La Sagesse pour demeurer sur la montagne sainte(Psaume 15)......80
Chapitre préliminaire Qui aura Dieu pour refuge et demeurera en sa présence ?.......80
Chapitre 1 Celui qui marche dans l'intégrité et pratique la justice................83
Chapitre 2 Qui dit la vérité selon son cœur..85
Chapitre 3 Il ne calomnie point avec sa langue..90
Chapitre 4 Il ne fait point de mal à son semblable, et ne jette point l'opprobre sur son prochain..91
Chapitre 5 Il regarde avec dédain celui qui est méprisable............................96
Chapitre 6 Mais il honore ceux qui craignent Dieu..99
Chapitre 7 Il ne se rétracte point, s'il fait un serment à son préjudice...........99

Chapitre 8 Il n'exige pas d'intérêt de son argent..107
Chapitre 10 Celui qui se conduit ainsi ne chancelle jamais..110
Conclusion : Je reviens bientôt..115

Oui, je veux morebooks!

I want morebooks!

Buy your books fast and straightforward online - at one of the world's fastest growing online book stores! Environmentally sound due to Print-on-Demand technologies.

Buy your books online at
www.get-morebooks.com

Achetez vos livres en ligne, vite et bien, sur l'une des librairies en ligne les plus performantes au monde!
En protégeant nos ressources et notre environnement grâce à l'impression à la demande.

La librairie en ligne pour acheter plus vite
www.morebooks.fr

OmniScriptum Marketing DEU GmbH
Heinrich-Böcking-Str. 6-8
D - 66121 Saarbrücken
Telefax: +49 681 93 81 567-9

info@omniscriptum.com
www.omniscriptum.com

www.ingramcontent.com/pod-product-compliance
Lightning Source LLC
Chambersburg PA
CBHW032302150426
43195CB00008BA/541